바람과 구름과 나 2

이·영·조·에·세·이

바람과 구름과 나 2

이영조

서문

무엇이 모자라고 무엇을 더 해야 하는지를 알면 성숙한 사람이다. 어떻게 살 것인가를 깊이 생각지 않고 그냥 세월에 맡기고 따라가면 편하기는 하지만 평생을 살아도 빈손이다.

세월은 우리에게 무엇을 하라고 일러주는 법도 없고, 시키지도 않는다. 생각 없이 어영부영하다 보면 세월만 수북하게 쌓이고 인생은 황혼으로 기운다.

이제 세상 이치를 알만한 나이가 되었다. 그러나 아직도 무엇을 해야 할지를 잘 모르는 촌 늙은이이다.

지난 세월을 돌아보면 아름다운 것보다는 얼룩진 것이 많다. 이를 지우고 맑은 영혼으로 돌아가야 하는데 세월이 허락하지 않는다.

그동안 산촌에 살면서 세월 따라 계절의 변화를 보고, 느끼고, 생각한 것을 세 부분으로 나누어 정리하였다. 글솜씨가 없어 볼품이 없다. 그래도 이를 남기고 싶은 것이 부족한 사람의 바람이다.

첫째, 부분은 사시사철 산을 찾아가 보고 느낀 것을 적은 것이다. 계절 따라 잎이 돋고, 떨어지고를 반복한다. 여기에 하늘, 바람, 구름, 물, 숲과 산새들이 어우러지면 아름다움이 더해진다. 낙원이 따로 있는 것이 아니라 이곳이 바로 낙원이다.

둘째 부분은 서산으로 기우는 해를 바라보며 무엇이든 잡아보려고 애썼지만 끝내 빈손인 것을 보고 인생의 무상함을 느낀 것들을 적은 것이다.

마지막 부분은 세상사 그냥 보고 넘길 수 있는 것도 나이가 들면 예사롭지 않게 보이는 것이 있다. 덮어버리기에는 아쉬움이 남는 몇 가지를 골라 적은 것이다.

타고난 글재주도 없고, 이름만 보면 알 수 있는 저명인사도 아니다. 또 글 쓰는 것을 직업으로 하는 사람도 아니다 보니 내용이 조잡하기 그지없다. 그래도 읽어주는 사람이 있다면 이것으로 족하다.

무능한 가장이지만 외면하지 않고 사랑을 주신 가족들, 출판에 물심양면으로 도움을 주신 경북대학교 행정학부 최희경 교수님, 부족하고 못난 선생의 허물을 덮어주고 기억해 주는 제자들, 그리고 출판을 흔쾌히 받아주신 신창동 사장님, 동료 여러분들의 노고에 감사를 드린다.

2021. 8.

이 영 조

차례

Ⅰ. 세월 따라, 계절 따라

Ⅱ. 인생은 한순간 지나가는 바람이더라

Ⅲ. 보고, 듣고, 생각하고

Ⅰ. 세월 따라, 계절 따라

올해도 매화는 피는데

팔공산 자락에 위치한 미대마을은 사방이 산으로 둘러싸여 있고 인근에 공산댐이 있어 다른 지역에 비해 겨울이 길고 봄이 늦게 찾아온다. 오래전에 이른 봄에 꽃도 보고 봄소식도 기다리며 앞 뜨락에 청매와 홍매 각 한그루씩 심었다.

세월이 쌓이니 둥치도 제법 커지고 많은 잔가지를 달고 늠름한 모습을 하고 있다. 해마다 추위가 맹위를 떨치고 있을 때도 혹시 봄이 오고 있지 않나 하여 아침이면 억센 둥치에 붙어있는 잔가지들을 살핀다.

올해도 어김없이 영하 10도를 오르내리던 날씨가 조금 누그러지니 작은 가지에 옹기종기 매달린 꽃망울이 하루가 다르게 커진다. 3월 초가 되니 꽃봉오리 하나, 둘 터지기 시작하더니 며칠 지나지 않아 만개한다.

너는 참으로 대견하고 장하구나, 하고는 작은 꽃잎 하나 따서 입에 넣고는 혼자 중얼거린다.

가시 돋친 억센 가지 너를 믿지 않았건만, 엄동설한 이겨내고 송이송이 피었구나. 차가운 바람에도 꽃술이 방긋 웃고 은은한 향기 코끝에 닿으니 홀로 두고 돌아설 수 없구나.

너는 변함없는 모습으로 나를 찾아오건만, 나는 어이하여 백발이 되어 너를 맞는가. 내년에도 너를 만날 수 있을까 기약 없는 이별이 마음속 깊은 곳 누르니 눈가에 이슬 맺혀 방울져 흐른다.

매화는 요염한 자태를 뽐낼 정도로 아름다운 꽃은 아니다. 그럼에도 많은 사람들의 사랑을 받고 있는데 그 이유가 무엇일까? 아마도 엄동설한 이겨내고 춘설이 분분해도 움츠러들지 않고 다른 꽃보다 먼저 피기 때문이 아닐까?

예로부터 매화는 절개, 지조, 장수를 상징하는 꽃으로 여겨왔다. 그래서 매화를 선비에 비유하였다. 불의에 굴하지 않고, 권력에 아부하지 않는 선비정신과 눈보라에도 아랑곳하지 않고 꽃을 피우는 매화의 강인한 기개가 비슷하기 때문이 아닐까?

차가운 아침 얇은 햇살을 머리에 이고 갓 피어난 매화를 보고 있노라면 소복으로 단장하고 눈물 밤 지새우는 젊은 미망인의 애처로운 모습이 떠오른다. 그래서인지 꽃을 보고 돌아서도 작은 가지에 매달려 추운 바람에 떨고 있는 모습이 쉬이 지워지지 않는다. 이러한 느낌은 매화에 얽힌 전설을 연상케 한다.

옛날 어느 고을에 도공이 살고 있었는데 혼인을 며칠 앞두고 약혼녀가 그만 세상을 떠난다. 도공은 실의에 빠져 매일같이 약혼녀의 무덤을 찾아간다.

봄이 되어 어느 날 무덤에 가니 이름 모를 싹이 하나 돋아 땅을 비집고 올라온다. 도공은 이를 자기 집 앞마당에 옮겨 심고 정성을 다해 키운다.

세월이 흘러 나무로 자라더니 어느 해 이른 봄, 하얀 꽃이 피었다. 마치 소복으로 단장한 여인과 같은 모습이다.

이를 보고 마을 사람들은 죽은 약혼녀의 혼이 꽃이 되어 도공을 찾아 왔다고 입을 모은다. 그리고는 이 꽃을 매화라고 불었다.

세월이 흘러 도공이 죽자 해마다 매화꽃이 피면 이름 모를 새가 찾아와 울다가 꽃이 지면 가곤 한다. 사람들은 도공의 넋이 새가 되어 정혼녀를 찾아온다고 믿었다. 그 울음이 마치 사람을 부르는 휘파람 소리 같다고 하여 휘파람새라 불렀다.

이루지 못한 두 연인의 애절한 사랑을 매화와 휘파람새로 묶은 전설은 참 아름답다. 올해도 매화는 피었건만 휘파람새는 오지 않는다.

도공과 약혼녀가 이별 없는 곳을 찾아갔기 때문일까? 아니면 사랑을 노리개 삼아 가지고 놀다가 한순간 팽개치고 돌아서는 인간의 모습에 실망하였기 때문일까?

내년에 매화가 만발할 때 휘파람새가 찾아와 생전에 이루지 못한 사랑을 나누는 모습을 보기를 기대하며 집안으로 들어선다.

세월을 따라가는 느티나무

팔공산 자락에 10여 호가 살고 있는 옥정이란 자연부락이 있다. 마을 끝자락에 가면 느티나무 한그루가 수호신처럼 서있다. 안내판을 보면 고려 말 유학자 안향(安珦) 선생의 후손이 이곳에 정자를 지을 때 심었다고 적혀있다.

계절 따라 잎이 돋고 떨어지기를 반복하며 반 천년의 세월을 동행하고 있어서인지 지금은 약간 지친 모습을 보이고 있다. 가던 길 멈추고 나무를 찬찬히 살핀다.

오백년의 긴 세월, 잎이 돋는다 하여 기뻐하지 아니하고, 진다하여 눈물짓지 않으며, 벌거벗어도 춥다하지 아니하고, 가뭄에도 목마르다 칭얼대지 않고 오늘도 세월을 동행하니 장하다.

돌고 도는 계절, 변화무상한 날씨에도 한마디 원망도 하지 않고 바람이 흔들고 지나가도 성내지 않으며 새들마저 떠나고 홀로 남아도 외롭다 신세타령하지 아니하고, 온갖 상처 몸에 새기고 오늘도 세월을 동행하니 장하다.

속이 비어도 아파하지 아니하고, 더위가 기승을 부려도 하늘 탓하지 않으며 세월에 눌려 높이 오르지 못하여도 쌓인 세월을 허리에 칭칭 두르고 오늘도 세월을 동행하니 장하다.

철새들이 떼지어 울며 가는 밤, 달빛이 가지 끝에 매달리는 밤, 바람이 잎들을 울리고 가는 밤, 홀로 지샘이 서러워 눈물짓지 아니하고 장승이 되어 마을 지키며 오늘도 세월을 동행하니 장하다.

쌓인 세월을 생각하며 다시 찬찬히 살펴본다. 아래로 처진 가지에 보조기둥을 세웠고, 수피(樹皮)가 훼손된 부위에는 인공피를 덮은 흔적이 보인다.

그러나 자신의 아픔에는 아랑곳하지 않고 오늘도 오가는 사람들의 쉼터가 되어 잘 쉬고 간다는 말 한마디 없어도 섭섭함을 내색하지 않는다.

오가는 길목에 너를 대할 때마다 내게 많은 삶의 지혜를 주었건만 나는 이를 깨닫지 못하고 무심히 지나쳤다. 너를 본받아 나도 세월을 잊고 살아야 하는데 그렇지가 못하니 부끄럽다.

고목을 뒤로하고 내동 속골 쪽으로 발길을 옮기며 나무는 나이를 먹으면 둥치는 커지지만, 속은 빈다. 부모의 마음도 이와 같다고 하신 어른들의 말씀을 떠올린다. 이제야 내 속이 텅 비어였음을 깨닫는다. 참으로 모자라는 늙은이다.

이런저런 생각을 하며 걷다 보니 내동 큰 마을을 거쳐 속골에 다다른다. 마을에 인기척은 없고 개들만이 낯선 사람이 지나감을 알린다.

굴뚝에 연기가 피어오르는 것으로 보아 저녁을 준비하는 모양이다. 인적 드문 한적한 산골마을 비스듬한 초가지붕에 기댄 굴뚝에서 연기가 모락모락 피어 올라가던 옛날 고향마을 모습이 떠오른다.

마을을 돌아 내려오다 보니 느티나무는 짙은 산그늘에 눌려 잠자는 듯 조용하다. 내가 이 나무를 언제까지 볼 수 있을까, 하고 생각한다.

그러고는 가을 날씨와 사람의 앞날은 아무도 모른다고 하는데, 하고는 멋쩍게 웃는다. 서쪽 하늘을 보니 지는 해는 아름다움을 넘어 황홀하다.

한 무리의 참새 떼가 보금자리를 찾아 대나무 숲으로 날아가 자취를 감춘다. 변함없는 날이지만 혹여 내일은 어떨까?

까마귀와 까치의 싸움

아침 일찍 동쪽 창문을 열고 까마귀, 까치 울음소리가 요란한 곳을 바라본다. 길가 은행나무에 있는 까치집 주변에서 서로 경쟁이나 하듯 울어대고 있다.

팔공산기슭 인가와 떨어진 숲에는 까마귀들이 떼를 지어 서식하고 있다. 겨울이 되면 마을 근처 논밭으로 내려와 헤집고 다닌다. 까치는 텃새로 인가와 가까운 곳에 있는 나무에서 산다.

서식지, 먹이, 생활습성이 다르다 보니 싸우는 일은 흔하지 않다. 그러나 봄이 되면 가끔 다투는 모습을 본다.

싸움은 타고난 재능이 다른 데서 비롯한다. 까치는 집을 짓는 재능이 있고, 까마귀는 없다. 까마귀는 봄이 오면 까치집을 빼앗아 알을 낳아 부화하고는 서식지로 돌아간다. 집을 빼앗긴 까치는 새로 집을 짓거나 빈집을 찾아야 한다.

싸우는 모습을 보니 까마귀가 까치를 발로 차고, 입으로 쪼아대면 까치는 다른 가지로 옮겨가며 울부짖는다. 종족유지를 위한 투쟁은 죽음도 불사한다. 까치가 포기하지 않는 한 쉬이 끝나지 않을 것 같다.

예로부터 시골에서는 이른 아침에 까치가 울면 반가운 손님이 오고, 저녁에 까마귀가 울면 흉사가 생긴다는 말이 전해져 내려온다. 그래서 까치는 길조이고, 까마귀는 흉조로 여긴다. 아마도 까마귀의 울음은 인간의 죽음을 예고한다 하여 불길한 조류로 치부하였던 모양이다.

일본은 우리와 같으나 중국은 반대이다. 그 까닭은 알 수 없으나 예로부터 한국과 일본은 상(喪)을 당하면 검은색 옷을, 중국은 흰색 옷을 입어 왔다.

조류에 길조와 흉조가 어디 있겠는가? 까치를 길조로 여기는 것은 인가와 가까운 곳에 서식하고 있어 자주 보니 친근감이 더하고 여기에 울음소리, 모양새가 까마귀보다는 호감을 준다. 반대로 까마귀는 숲에서 서식하니 평소에 보기가 어렵고 생김새나 울음소리가 까치만 못하다. 이런저런 연유로 까마귀보다 까치를 더 좋아하는 것 같다.

그러나 농부들에게는 작물에 피해를 많이 주는 까치가 유해조류이다. 까치를 포획하기 위해 덫을 놓고 잡아서는 줄에 매달아 놓는다.

싸우는 모습을 보면서 까치와 까마귀를 나무란다. 내가 타이른다 하여 싸움을 그만둘 리 없지만 그래도 다투는 모습은 보기에도 민망하다.

까치더러 너는 집 짓는 재주가 있으니 낡은 집을 까마귀에게 양보하고 새로 집을 지어라 하고, 까마귀에게는 허구한 날 먹고 놀지 말고 집 짓는 기술을 익혀 스스로 해결하라고 한다.

싸움은 상대방을 배려하지 않는 곳이면 어디서나 일어난다. 사람이 사는 세상도 이와 별반 다르지 않다.

지금 우리가 사는 세상에도 가진 자들이 살기가 팍팍한 사람들에게 갑질을 한다. 이들은 더 높은 지위에 오르고, 더 많은 부를 쌓으려는 욕심을 버리지 못하고 어려운 사람들의 몫까지 앗아 간다.

세상이 이러다 보니 강자와 약자, 부자와 빈자 간의 다툼은 그칠 날이 없다. 국민의 다수는 자기가 무엇을 하고 있는지조차도 모른 채 권력자나, 가진 자들의 도구로 전락되고 있다. 이것이 오늘 우리 사회의 슬픈 자화상이다.

세상사 모두 이러하거늘 힘이 있다 하여 집을 지을 노력을 하지 않고 편하게 살기를 바라는 까마귀만을 탓할 수 없지 않은가? 약자의 아픔을 안타까워하며 문을 닫는다.

오월은 사랑의 달

오월은 온 누리에 싱그러운 기운이 감도는 달이다. 이달에는 부모와 자식, 스승과 제자, 부부간에 사랑을 나누고, 서로를 보듬는 날들이 정해져 있다,

오늘은 21세기에 들어 20번째로 맞는 어린이날이다. 이날이 제정되어 정착되기까지는 일본의 지배, 해방, 6.25 전쟁, 가난, 높은 문맹률, 낮은 문화수준이 겹쳐져 폐지, 재지정 등 우여곡절을 겪었다.

공휴일로 지정되기 전까지는 소수의 가정을 제외하고는 어른, 아이들을 불문하고 이날이 있는지조차 몰랐다. 다만, 학교에서 이날에 봄 소풍을 가거나, 글짓기대회를 여는 것이 고작이었다.

집을 나서 내동으로 가다보니 길 왼편에 있는 메타세콰이어 나무숲 그늘에 엄마와 아가가 자리를 펴놓고 놀고 있다. 우리 동내에서는 볼 수 없는 모습이다. 아마도 외지에 살고 있는 분이 시댁이나 친정에 나들이 온 모양이다.

잠시 가던 길 멈추고 노는 모습을 눈여겨본다. 참 보기가 좋다. 걸음을 옮겨 공산터널 오른쪽 산을 오르며 '엄마는 자식들에게 어떤 존재일까?' 하고 생각한다.

모르기는 해도 인생을 가르치는 최고의 스승이 아닐까 싶다. 또 자식을 위해 희생을 마다하지 않는 부모의 바람은 어디에 있을까? 아마도 자식들이 건강하고 바르게 자라 자기 길을 찾아가는 것을 보는 데 있지 않을까?

초여름의 하루는 길다. 오후가 되니 그늘이 메마른 땅을 덮고 있다. 봉우리에 올라 하늘 한번 쳐다보고는 그늘에 앉아 묵주를 들고 이 시대의 어린이들에게 주님께서 풍성한 은총을 내려주시기를 청한다. 기도를 끝내고 일어나 사방을 둘러보고 산을 내려온다.

오를 때 엄마와 아가가 놀던 숲을 보니 사람은 간 곳 없고 텅 빈 숲에 나무그림자 혼자서 터줏대감 노릇을 하고 있다. 엄마는 내 어릴 때 어디 가서 살든 게으름만 피우지 않으면 배곯지 않는다는 가르침과 자신에게는 엄격하고 남을 먼저 생각하는 삶을 살아가라고 몸소 보여주셨다. 그 크신 가르침을 가슴에 새기고 살다보니 이 나이가 되었다.

지금도 내자가 이제 살날도 얼마 남지 않았는데 자신에게 그렇게 인색하고 엄격해야 하느냐 하고 핀잔을 준다. 평소의 내 행색을 보면 그런 소리를 들을 만하기도 하다.

세 살 버릇이 여든까지 간다는 속담이 틀리지 않는 모양이다. 그 덕에 넉넉하지는 않지만 끼니 걱정은 하지 않는다. 내게 가장 위대하신 스승님은 바로 어머님 당신이시다.

나도 손자, 손녀에게 열심히 노력하면 모자람 없이 살 수 있다고 가르친다. 부디 성실히 살아주었으면 하는 마음 간절하다.

비에 젖은 초라한 행색

영천 은해사는 서운암, 기기암, 운부암, 중앙암, 백흥암 등 여러 암자(말사)를 거느리고 있다. 재직하고 있을 때 토요일이면 제자들과 어울려 이들 암자를 번갈아 찾아가곤 하였다. 그러나 정년을 한 뒤로는 이쪽으로 오는 발길이 끊겼다.

오늘은 기기암에 가기로 하고 집을 나선다. 여름이다 보니 날씨가 무덥다. 능성재를 넘어 청통면 소재지를 지나 은해사에 도착한다. 본 절을 지나 좌측 계곡으로 접어든다.

서운암을 지나니 계곡은 짙은 숲과 개울이 한태 어우러져 습도는 높지만 시원하고 조용하여 걷기에는 안성맞춤이다. 한참을 걸어올라 안흥폭포에 이르러 바위에 기대서서 땀을 닦는다.

그리고는 지난날 산사를 찾던 제자들의 근황을 더듬는다. 산천은 예나 지금이나 변함이 없는데 인생길은 저마다 다르다 보니 지금 그들이 어디서 무엇을 하며, 어떻게 살고 있는지를 알길 없다. 인생길에는 답이 없다는 말을 떠올리고는 일어선다.

다시 그림자와 함께 경사진 길을 올라가 힘들게 기기암에 도착한다. 바위에 걸터앉아 사방을 둘러본다. 사찰 뒤편은 산이 감싸 안고, 앞은 반쯤 열려있다.

오늘도 즐거운 시간을 허락하신 주님의 은혜에 감사드리며, 가지고 온 김밥을 먹는다. 식사 후 쉬다 보니 마음씨 넉넉한 보살님이 사과를 깎아 반쪽을 주신다.

감사를 드리고 사과를 먹고 있는데 갑자기 하늘에서 번갯불이 번쩍인다. 고개를 들어보니 암자위로 옅은 회색구름이 분주히 흘러가고 저 멀리서 검은 구름이 바쁘게 몰려들고 있다.

조금 더 지나니 바람이 불고, 구름이 짙어지더니 사방이 컴컴해진다. 소낙비가 내릴 모양이다. 천둥소리가 들리고 번갯불이 다시 번쩍인다.

누가 가라고 재촉하는 사람도 없고, 비를 피하는데 자릿값을 내라고 하는 사람도 없다, 그러나 비바람 불어오면 앉아서 기다리지 말고, 서둘러 길을 나서라는 옛말을 떠올리고는 무작정 암자를 나서서 총총걸음으로 산길을 내려온다. 참으로 무모한 짓이다.

얼마 오지 않아 빗방울이 한두 방울 떨어지더니 금세 폭포처럼 쏟아진다. 바람은 팽이처럼 돌며 짙은 숲을 흔들어 대니 잎들이 요란한 소리를 낸다.

순식간의 일이다. 비를 피할 방도가 없으니 흠뻑 젖을 수밖에 없다. 천천히 걸음을 옮기며 투덜대 보지만 하늘이 하는 일을 인간이 어쩔 수 없지 않은가?

비가 빨리 잦아들기를 바라며 올라올 때 잠시 쉬었던 폭포로 가 바위 밑에 쪼그리고 앉아 비를 피하며 내 모습을 살핀다. 마치 물에 빠진 닭처럼 몰골이 초라하기 짝이 없다.

조금 지나니 세찬 바람이 짙은 구름과 비를 남쪽으로 몰고 간다.

빗줄기가 조금씩 약해지더니 이내 비가 멎고 파란 하늘이 나뭇잎 사이로 보이기 시작한다.

어디선가 산새 울음소리도 들린다. 바람, 구름, 비, 맑은 하늘 모두가 순식간에 일어난 일이다. 비가 멎으니 긴장이 풀리고 마음에 여유가 생긴다. 옷을 벗어 물기를 짜내고는 입는다.

콧노래를 부르며 천천히 걸음을 옮겨 내려오다 보니 서운암이 보인다. 암자를 지나니 은해사가 시야에 들어온다.

아래위를 훑어보니 옷이 온전히 마르지는 않았지만 그렇게 흉하지는 않다. 하늘을 쳐다보니 언제 그랬냐는 듯 푸르고 오염된 공기를 말끔히 씻어 가버리니 더 청명하다.

나뭇잎 뒤에 숨어 숨을 죽이고 있던 매미도 모습을 드러낸다. 나는 천둥과 번개, 소나기 따위에 겁이 나서 죽은 시늉을 하며 나무 뒤에 숨어있는 비겁한 존재가 아니라고 항변이나 하듯 더 힘차게 울어댄다. 오랜만의 은해사 산행은 소나기의 환영을 받으며 끝난다.

먹고 먹히는 자연의 세계

여름이 되면 집 앞, 뒤 뜨락에 나무와 잡초가 우거진다. 잡초는 제초제를 살포하지 않으면 뽑고 돌아서면 다시 돋아난다.

해마다 이때가 되면 날고, 기는 이름 모를 곤충과 벌레들이 수없이 늘어나고 서로 살기 위해 잡아먹고, 먹히는 일이 빈번하게 벌어진다. 먹다 남은 것들은 개미 두세 마리가 달라붙어 끌고는 땅속 집으로 옮겨간다.

먹이 사슬에 의한 자연의 질서유지는 올해도 어김없이 이곳에서 벌어지고 있다. 이는 개체수를 조정하여 자연의 질서를 유지케 하신 창조주의 뜻이다.

아침에 빗자루를 들고 뒤뜰로 가보니 어제 저녁에 보이지 않던 거미집 하나가 새로 생겼다. 자세히 보니 거미란 놈이 나뭇가지 사이에 그물 같은 망을 쳐 놓고 한쪽 귀퉁이에 숨어 먹거리가 걸리기를 기다리고 있다.

살기 위해 밤을 새워가며 집을 지은 모양이다. 작고 잘록한 몸, 어디서 저 많은 끈끈이를 뽑아내어 집을 지었는지 감탄이 절로 난다.

비를 들어 거미집을 걷을까 하다가 살기 위해 밤을 새워 덫을 놓았는데 이를 당장 걷어내는 것이 야박하다 싶어 눈을 감아준다.

바로 그때 아침햇살을 이기지 못하고 잠에서 깨어난 미숙한 잠자리 한 마리가 이슬에 젖은 날개를 퍼덕이며 날아오르다 그만 거미

줄에 걸리고 만다.

벗어나려고 안간힘을 다해 몸부림쳐 보지만 끈적끈적한 줄은 몸을 더욱 조인다. 얼마 지나지 않아 기진하여 축 늘어진다.

순간 한쪽 구석에 숨어 망을 보던 거미란 놈이 쏜살같이 달려와서 줄에 매달린 잠자리에게 독을 뿜어댄다. 전신이 마비된 잠자리는 옴짝달싹도 하지 못한다.

거미줄이 찢어져도 날아가기는 틀렸다. 밤을 새워가며 집을 짓는데 허기진 거미는 얼씨구나 하고 몸통을 빨아 먹고는 껍질만 매달아 놓는다. 껍데기만 남은 잠자리는 바람에 이리저리 흔들리며 마치 살아서 날개짓 하는 것 같다.

약육강식이 존재하는 세계에 절대강자는 없다. 먹고 먹히는 현상은 이 좁은 공간에서 쉴 새 없이 벌어진다.

권력의 세계도 이와 크게 다르지 않다. 호시탐탐 기회를 엿보고 있는 경쟁자들이 함정을 만들어 놓고 기다리고 있다. 잘못하면 한순간 발을 헛디뎌 함정에 빠지고 만다.

권력의 세계를 희화한 중국의 노래가 있다.

느릅나무 가지에 매미가 앉아 울고 있네.
뒤에는 사마귀가 앉아있네.
사마귀 뒤에는 참새가 앉아있네.
참새 뒤에는 사냥꾼이 활을 겨누고 있네.
사냥꾼은 발밑에 깊은 물웅덩이를 보지 못하네,

여름이면 비를 들고 모퉁이를 돌아가며 줄에 걸린 텅 빈 곤충껍질들을 걷어낸다. 거미는 집을 짓고, 곤충은 덫에 걸려 먹이가 되고 노인은 이를 걷어내는 일이 여름 한 철 집 뜨락에서 벌어진다.

올 한해도 벌써 중반을 넘어서고 있다. 살기 위한 싸움도 계절을 이길 수는 없다.

머지않아 찬 서리 내리면 푸름을 자랑하던 잎 새들도 떨어지고 잡초도 죽는다. 그러면 극성을 부리던 곤충도, 벌레도 자취를 감추고 먹고, 먹히는 싸움도 끝이 난다.

이때가 되면 노인은 몽당 빗자루를 들고 거미집 대신 여기저기 흩어져 있는 낙엽들을 쓸어 모아 불을 놓는다. 타고 남은 재를 흙으로 덮고는 방으로 들어와 벽에 걸린 달력을 쳐다본다. 이는 올해만이 아니라 매년 반복되는 일이다.

코스모스의 가을 향기

가을이 되면 마을 앞 동화천 제방에 여러 색깔의 코스모스가 어우러져 곱게 핀다. 길을 따라 걷다 보면 코스모스의 아름다움에 매혹되기 십상이다. 흰색, 붉은색, 자주색 꽃잎을 번갈아 만져보고 하늘도 쳐다보며 가을정취를 만끽한다.

꽃대 끝에 매달려 하늘거리는 꽃 곁으로 다가서면 가을 향기가 은은하게 풍겨온다. 코스모스의 원산지는 멕시코이지만 오래전부터 우리나라 어디서나 볼 수 있는 꽃으로 자리를 잡고 있다. 꽃말이 장식이란 의미를 지니고 있어서인지 가을 화환에는 코스모스가 빠지지 않는다.

오랜 세월이 흘렀지만 한적한 시골초등학교 교정에 코스모스가 피어 맑은 하늘 쳐다보며 바람 따라 춤을 추면 가을운동회를 열었다. 이날에는 농사일에 바쁜 엄마들도 학교에 와서 아이들과 함께 즐겼다.

그 시절에는 운동회 날 말고는 학부모들이 학교에 오는 일이 거의 없었다. 이날은 아껴둔 쌀과 햇보리쌀을 섞어 지은 밥과 삭힌 감, 찐 밤을 삼배 보자기에 싸가지고 와서 점심시간이 되면 둘러앉아 같이 나눠 먹었다.

지금은 학생이 없어 시골학교 대부분이 문을 닫았다. 일개 면 일개 학교로 겨우 명맥을 유지하고 있지만 이들마저 언제 문이 닫힐지 모른다. 아직 교문이 닫히지 않고 있는 학교도 학생 수가 적어 운동회를 열 형편이 못 된다.

꽃은 스치며 지나는 바람에 수줍어하듯 고개를 흔들다가 바람이 멎으면 하늘을 쳐다본다. 꽃이 피어도 고개를 숙이지 않고 꽃이 떨어지고 씨앗만 남아도 하늘을 향하고 있다. 그래서 좀 거만해 보이기도 한다.

올해의 가을도 코스모스와 함께 깊어가고 있다. 벌써 꽃잎이 시들어 바람에 날려가고 꽃씨만 매달고 앙상한 모습으로 서있는 것도 보인다. 가을하늘은 유난히 높고, 푸르다.

어디선가 소슬바람이 얼굴을 스치고 지나며 빨리 가라고 등을 민다. 제방을 지나면서 50년대 말 유행되었던 '코스모스 사랑'이란 노래 한 소절을 불러본다.

코스모스 꽃이 필 때 만난 그이가, 코스모스 꽃이 져도 오지도 않네, 그이의 꿈이 어린 푸른 침대에 그이가 그리워서 울어 봤노라.

그 시절 나는 만남의 기쁨도, 이별의 아픔도 사랑도 모르는 천진한 아이였다. 그저 라디오에서 울리는 리듬에 맞춰 따라 부르며 그리움을 떠올리고 눈시울을 붉히곤 하였다.

아마 전쟁으로 인한 이별의 상처를 안고 살아가고 있었기 때문이 아니었을까? 70여 년의 세월이 흐른 지금 노래를 부른 가수도, 따라 부르던 사람도 대부분이 옛사람이 되었다.

걸음을 옮겨 구암동으로 접어든다. 경로당을 지나 주말농장을 거쳐, 미타사 부근 나무 밑에 앉아 흐르는 물을 본다. 멀리 가지도 못하고 공산댐에 머물 것을 알면서도 어찌 저리 앞서가려고 다투는지 알 길 없다.

사람은 세월을 따라가지 않으려고 몸부림치는데 너들은 어이하여 그리도 급하게 가려고만 하는가, 빨리 가서 쉬려고 하는지 속내를 알다가도 모르겠다.

가까이 있는 산사(山寺)에서 저녁 예불소리가 들린다. 주지스님은 나이가 드신 분으로 알고 있는데 독경소리는 카랑카랑하고 낭랑하다.

테이프에서 나오는 소리인지, 손님스님이 예불을 올리고 있는지 알 수 없다. 예불시간도 짧고 목탁 두드리는 소리도 이내 그친다.

테이프에서 나오는 소리든 육성이든 내용은 같은데 이를 굳이 다르게 생각할 필요가 없지 않은가? 세상 모두가 편의 위주로 변해가고 있는 데 스님들의 일상도 변하지 말라는 법 또한 없다.

우리 동내 가을 전경

밤이 길어지고 아침, 저녁이면 제법 싸늘한 바람이 부는 계절이 팔공산 자락을 찾아 왔다. 누가 시키지도 않는데 염량(炎凉)이 때를 알아 왔다가, 가기를 반복하니 참으로 신기하다.

우리 동내 계절의 변화는 은행잎이 알려준다. 잎이 파릇파릇 돋아나면 봄이 오고 있음이요, 푸르면 여름, 누른색을 띠기 시작하면 가을, 노랗게 짙게 물들면 가을이 떠나고 있음이다.

은행나무는 여름이면 시원한 그늘을, 가을이면 노란 잎을 선물로 남기고는 한해를 마감한다. 올해도 잎이 노란색으로 짙게 물들었다.

머지않아 바람에 떨어져 날리기 시작하면 도심에 사는 사람들이 몰려와 아름다운 가을을 한 장의 추억으로 담아갈 것이다. 인생은 이렇게 한 장 한 장의 추억이 쌓여서 만들어진다.

동내 앞 문암산 비탈에 서있는 나무들이 계절을 이기지 못하고 잎 떨구고 앙상한 가지만 매달고 높낮이 따라 도둑 없는 가난한 마을을 내려다보며 지키고 있다.

가을하늘은 더 높고, 푸른 바다처럼 깊어 보인다. 그 가운데 비늘구름 한 무리가 망망대해를 떠가는 돛단배처럼 어디론가 가고 있다.

소매사이로 소슬바람이 스치고 지나간다. 바람은 같은데 오늘따라 차갑다. 계절 탓인지, 늙은이의 마음 탓인지 잘 모르겠다.

고추밭에는 철지난 고추가 찬 서리를 이기지 못하고 주황색을 띠고 아래로 축 처져있고 그 위로 지친 고추잠자리가 방향감각을 잃고 이리저리 어지럽게 날고 있다.

들판의 벼는 황금빛으로 변해 바람이 부니 버석버석 소리를 내며 빨리 추수하기를 재촉한다. 메뚜기도 차가운 날씨를 이기기 힘들어 하며 누렇게 마른 볏 잎 뒤에 숨어 죽어가는 시늉을 하고 있다.

집집마다 심어놓은 감나무에는 홍시가 매달려 바람에 대롱거린다. 날짐승들이 반기며 날아와 쪼아 먹다가 사람이 지나가면 놀라 도망가는 시늉을 하다가는 다시 돌아온다. 단맛의 유혹을 뿌리치기 쉽지 않은 모양이다.

대추 볼도 담갈색으로 물들어 단맛을 더해가고, 밤송이는 알맹이를 어디다 보내고 바보처럼 입만 헤벌리고 바람에 그네를 타고 있다.

야생화가 무리지어 피어있고, 동화천 갈대는 수수이삭 같은 열매를 매달고 바람에 출렁이고 있다. 제방 따라 곱게 핀 코스모스도 가을바람에 춤추고 철 지난 구절초도 덩달아 꽃을 피워 아름다움을 자랑한다.

갈 길 바쁜 가을 매미들과 귀뚜라미는 시들고 마른 풀잎 뒤에 숨어 떠날 날을 생각하며 슬피 울고, 개들도 벙어리가 된 채 게슴츠레 한 눈으로 집 앞에 앉아 침을 흘리며 졸고 있다.

곱게 물든 단풍나무도 잎들을 하나, 둘 떨어뜨리기 시작하다가 첫서리가 내리면 마지막 잎 새마저 바람에 날려 보내고는 벌거벗는다. 배추밭 달팽이도 땅속으로 숨어들며 김장할 때가 되었음을 알린다. 이 모두가 우리 동네 가을 전경이다.

우리 동네 가을은 노란 은행잎, 낙엽, 숨넘어가듯 울어대는 귀뚜라미 소리, 황량한 들녘, 가지 끝에 매달린 붉은 감, 세월의 길목에서 쫓기는 길손, 철새들의 처량한 울음소리가 한데 어우러져 아름다움과 쓸쓸함을 더해준다.

그러나 계절의 아름다움을 즐기는 사람도, 감상하는 사람도 없다. 계절이 바뀌고 있음을 느끼지 못하고 병 자랑, 약 자랑만 늘어놓는 사람들뿐이다. 모두가 자연이 안겨주는 선물을 받을 자격이 없는 사람들이다.

이때가 되면 마음이 허허해지고 슬퍼진다. 계절이 아름다우면 뭘 하나. 외로움만 더해줄 뿐이다. 이래서 나이 든 사람들에게 가을은 슬픈 계절이라 하는 모양이다.

벽에 걸린 두툼한 달력도 이제 두 장을 남겨놓고 있다. 남은 날만이라도 아쉬움 없이 보냈으면 하는 마음 간절하다. 지향 없이 가다가 흩어져 자취를 감추는 구름을 본다. 올 한해도 저 구름처럼 멀리 날아가고 있다.

세월아 너는 어디로 가는가

대문을 나서면서 '세월아 왔다가지를 말아라. 꽃다운 이내 청춘 다 늙어간다.'라는 옛 소리를 흥얼거린다. 내 어린 시절 산간벽지 여인들이 한여름 뙤약볕 아래 머리에 흰 무명수건 두르고, 삼베치마저고리에 맨발로 조밭을 매면서 부르든 소리다.

나는 이들이 왜 세월을 한탄하는지를 모른 채 그냥 따라 불렀다. 이분들은 두메산골 아녀자로 태어나 일생 동안 바깥세상 한번 구경 한번 해보지 못하고 일만 하다가 한을 안고 세상을 하직하신 분들이다.

별빛과 달빛은 천년을 두고 변함이 없는데 우리의 인생은 어이 이리 나날이 변하는가? 세월이 나를 두고 가니 열 살도 되지 않던 아이가 지금은 백발이 성성해졌다.

험상궂은 날씨가 변덕스런 시어머니 모양 예사롭지 않다. 늦가을이다 보니 산은 야위고, 해는 짧아 벌써 중천을 넘어 서둘러가고 있다.

나뭇잎 하나가 바람을 이기지 못하고 떨어져 허공을 맴돌다 저만치 날아가 잡초로 덮인 무덤 위에 머문다. 주위를 둘러보며 깊은 생각에 빠진다.

이승에서 누리던 영화 어디에 두고, 상두꾼의 구성진 노래에 맞춰 꽃상여 타고

공산에 터를 닦아 흙으로 집을 짓고 잡초를 이불 삼아 쓸쓸히 누워있는가?

두고 온 아들, 딸 불러보지만, 누구 하나 대답 없고 허공만 맴돌다 사라지는 한바탕 꿈일 뿐, 허구한 세월 어찌 외롭게 지내려는가?

바람이 불어도, 눈비가 내려도 어둡고, 답답하여도 말 한마디 붙일 곳 없으니, 누구를 원망하며, 누구를 탓하랴. 모두가 세월이 앗아간 것을 어이하리.

주변에 아무도 찾지 않아 나무가 무성하고 잡초로 뒤덮인 묘지가 보인다. 모르기는 해도 아마 자손들이 명당이라 하여 이곳에 유택을 마련하였을 것이다.

그러나 찾는 이 없으니 세월을 이기지 못하고 분묘의 흔적만 남아있다. 명당이란 말이 무색하다.

옛 어른들은 떠난 사람을 잊으려면 살아있는 사람이 먼저 정을 끊으라고 하였다. 떠나고 없는 사람을 그리워한들 아무 소용이 없으니 잊고 마음 편히 살아가라고 하신 참 슬기로운 말씀이다.

그래서 미리 정을 끊고 묘를 찾지 않는지 그 사연을 알 길 없다. 저 멀리서 네 놈도 마찬가지가 아닌가 하고 꾸짖는 소리가 들린다. 그래도 나는 성묘는 가는데 하고 중얼거리며 고개를 숙이고 걸음을 옮긴다.

찌푸린 하늘에서 빗방울이 떨어진다. 우산을 펼쳐 들고 물을 머금은 잡초를 피해 곡예 걸음으로 걷는다. 다시 오르던 길을 멈추고 사방을 둘러본다.

듬성듬성 서있는 소나무 빼고는 모두가 앙상한 가지만 달고 있다. 바람도 야윈 나무를 애처롭게 여겨 흔들지 않고 비켜 지나간다.

푸름을 자랑하던 때가 엊그제 같은데 어이하여 이렇게 헐벗고 있는가, 하고 물으니 모두가 세월이 이렇게 만들었다고 한다. 세월은 손에 쥔 칼과 같아 스치고 지나면 상처만 남는다. 참으로 모질고 무섭다.

몸을 움츠리고 천천히 걸음을 옮겨 정상에 이른다. 황량하기가 그지없다. 산을 내려오면서 시작도 끝도 없는 세월, 너는 어디서 와서, 어디로 가는가 하고 묻는다.

창조주께서 시키는 대로 할 뿐 자기도 모른다고 한다. 다시 창조주께 물어보지만 대답이 없으시다. 찬바람에 울고 있는 나무에게 다시 보자는 말을 남기고 집으로 향한다.

우렁이 모정

소매를 스치고 지나가는 바람이 몸을 움츠려들게 한다. 아마도 몸이 바람을 감당하기에 부치는 모양이다.

소리 소문 없이 찾아왔던 가을도 추억만 남기고 이제 곁을 떠나고 있다. 찬바람이 지나면서 겨울이 다가오고 있음을 귀띔해준다.

우리 동내 앞들은 우렁이농법으로 친환경벼농사를 한다. 추수를 끝낸 논두렁길로 들어선다.

가을걷이를 하려고 논마다 물을 빼고 난 뒤 움푹 파인 논바닥이나 물이 고인 도랑에 우렁이들이 모여 있다. 자세히 보니 속이 빈 것도 있고, 꽉 찬 놈도 있다.

주위를 맴돌며 기회를 엿보던 왜가리란 놈이 사람의 눈을 피해 쏜살같이 내려와 긴 부리로 속이 꽉 찬 우렁이 한 마리를 물고는 어디론가 날아간다. 속이 비어 물 위에 떠있는 우렁이 껍질을 보니 지난날 어른들의 말씀이 떠오른다.

우렁이 어미는 새끼를 낳아 몸 안에서 자기 살을 먹여 기른다. 새끼들이 어미 살을 다 먹고 나면 집 밖으로 나온다. 그러면 우렁이 어미는 속이 텅 빈 껍질로 남는다.

사람도 마찬가지로 부모가 자식을 낳아 정성을 다해 길러 성년이 되어 곁을 떠나고 나면 엄마의 속은 우렁이 속처럼 텅 비게 된다. 예로부터 전해져 내려오는 우렁이 설화다.

자식에게 부모의 은혜를 가르칠 때 옛 어른들이 하시던 말씀이다. 우렁이가 새끼를 낳는 것은 사실이지만 어미 살을 먹고 자라는 것은 아니다.

그러나 옛 어른들은 어미우렁이가 자기 몸속에 새끼를 낳아 자기 살을 먹여 기른다고 알고 있었던 모양이다. 나도 초등학교 도덕시간에 선생님께서 하신 말씀을 기억하고 있다.

어린 시절 가르침을 주셨던 어른들은 모두 세상을 떠나고 내가 대신 이 설화를 아이들에게 말해보지만 마음에 새겨들으려 하지 않는다. 요즘 아이들은 설화나 동화를 자주 읽지도 않지만 읽어도 재미있어 하지도 않는다. 세월이 아이들의 생각을 이렇게 바꿔놓았다.

오늘의 어린이들은 어머님이 자기들을 위해 희생하시는 것을 당연하게 받아들인다. 가정, 학교, 사회, 누가 이렇게 만들었는지 모르지만 참으로 개탄스럽다.

설화 외에도 우렁이에 대해서는 여러 속담들이 전해지고 있다. 논두렁을 나와 오솔길을 걸으며 이를 떠올려본다.

'우렁이도 두렁을 넘는 꾀가 있다'는 말이 있다. 이는 못난 사람이라도 한 가지 재주는 있다는 것을 비유한 말이다.

또 인간이 의탁할 곳이 없을 정도로 고달프고 비참할 때를 비유해서 '우렁이도 집이 있다'고 하고, 사람의 마음을 헤아릴 수 없을 때 '저 사람은 우렁이 속과 같다'고 한다.

우렁이의 외모는 볼품없지만 배설물을 토양으로 보내 땅을 기름지게 하고 온갖 병충해를 막아 풍성한 결실을 거두게 한다. 그리고 마지막에는 단백질이 풍부한 먹거리가 된다.

지금은 단백질을 섭취할 수 있는 기회가 흔하다 보니 약으로 먹는 경우 외에는 식용으로 사용하는 것을 보기가 어렵다. 식당에 가면 아주 드물게 식탁에 오른 것을 볼 수 있을 뿐이다.

어린 시절 나도 논도랑이나 개울에 가서 우렁이를 잡아다 구워 먹었다. 이마저도 세월을 이기지 못하고 옛이야기가 되었다.

올해도 가을은 마치 하늘을 두둥실 떠가는 구름처럼 내년을 기약하고 가고 있다. 오늘 하루도 이렇게 저물어간다. 기약 없는 내일을 생각하며 집으로 발길을 돌린다.

길손도 쉬어 넘은 열재 마루

팔공산 일대에 눈비가 내릴 것이라는 예보를 듣고 오후에 집을 나선다. 오늘은 50년대 노태우 전 대통령이 서촌 신용동에서 백안까지 걸어서 학교를 다녔다는 고갯길을 따라간다.

먼 길을 걸어 학교를 다닌 것은 노 대통령만이 아니라 50-60년대 가난한 산골 아이들의 공통적인 아픔이다. 하늘은 온통 잿빛이고 금세 눈이나 겨울비가 내릴 것 같다.

올해 가을은 유난히 가뭄이 심하다. 강수량이 적어 개울이 바닥을 드러내고, 나무도, 잡초도 메마른 모습으로 겨울을 맞이할 준비를 하고 있다. 초겨울이지만 눈이나 비가 넉넉하게 내려주었으면 하는 마음 간절하다.

내동에서 서촌으로 넘어가는 고개 마루를 오른다. 고개 중턱에 영천이씨 부부가 잠든 곳에서 잠시 앉아 가쁜 숨을 조절하며 맞은편 파계사 유원지가 있던 곳을 바라본다.

80년대 학생시위가 끊이지 않던 시절 나는 대학에서 학생을 지도하는 일을 맡고 있었다. 그때는 이곳에 경찰기관이 없었다. 그래서 밤이면 시위를 하던 학생들이 와서 술을 마시며 데모 가를 부르고 반정부구호를 외치곤 하였다.

이들을 한때는 386세대라고 불었다. 지금은 우리나라 정계의 중심에서 활동하고 있다. 세월의 변화를 실감케 한다.

일어나 다시 산등성이를 오른다. 수목이 울창하고, 왕래하는 사람들이 드물었던 시절 이곳에 산적이 자주 출몰하여 지나는 길손을 약탈하였다고 한다.

혼자서는 재를 넘지 못하고 함께 넘어갈 사람을 기다려 열 사람이 모이면 고개를 넘었다 하여 이곳을 열(十)재라고 불러왔다. 지금은 이를 알리는 조그만 표지석만 서있다.

잠시 숨을 돌려 돌아오려고 하는데 눈발이 날리기 시작한다. 하늘을 쳐다보고 땅도 살핀다. 하늘에는 진눈깨비가 흩날리고, 땅에는 얕은 어둠이 깔리고 있다.

사방은 적막에 짓눌려 옷 스치는 소리, 숨 몰아쉬는 소리 외에는 아무 소리도 들리지 않는다. 죽은 나무만 골라 이 나무, 저 나무를 두드리며 사람을 놀라게 하던 딱따구리도, 푸득푸득 소리 내며 인기척에 놀라 날아가던 장끼도 마른 풀숲에 숨어 바람과 눈을 피하고 있는 모양이다.

마음이 다급하니 걸음이 빨라지지만 다리가 휘청거려 속도가 붙지 않는다. 길에 눈이 쌓이기 전에 마을에 도착해야 하니 길을 재촉한다.

나뭇잎은 떨어져 없어져야 그 소중함을 알고, 잡초는 가을이 되어 말라야 그 진가를 발휘한다는 말이 있다. 가뭄에 신음하는 대지를 적셔주는 오늘의 눈이야말로 그 진가를 발휘하는 것 같다.

이 생각, 저 생각을 하면서 종종걸음으로 내려오다 보니 저만치

집들이 희미하게 보인다. 내동 속골 가까이 내려온 모양이다.

전에는 십여 가구가 살았지만 지금은 여섯 가구가 살고 있다. 그래도 사람이 살고 있는 곳이니 마음에 여유가 생겨 창부타령 한 소절을 흥얼거려 본다.

지금은 나이가 팔십이 되어도 생존하시는 분이 많지만 그 옛날에는 70세를 넘기는 분이 드물었다. 60세만 넘겨도 천수를 누렸다고 부러워하던 시절이다.

흘러가는 세월, 잡아둘 수 없다면 평생을 일에만 매달리지 말고 좋은 세상, 즐겁게 보내자는 태평가야말로 늙은이들의 마음을 잘 대변하는 것이 아닌가 한다.

그러나 시대가 변해서 과거와는 달리 지금은 장수를 누리고 있지만 경제적으로 어렵고, 자식들과 떨어져 살다 보니 외롭고, 병고에 시달리다 보니 태평가를 부르며 즐길 형편이 되지 못한다. 이것이 오늘을 살아가고 있는 늙은이들의 애환이다.

새들이 있으니 외롭지 않다

몸과 마음을 얼어붙게 하던 매서운 바람도 때를 알고 한 발 물러서고 있다. 기세등등하던 동장군도 한풀 꺾인 모양새다.

봄이 용트림 치며 훈훈한 바람을 싣고 문암산을 찾아오고 있다. 그러나 산은 아직 벌거숭이 그대로이고 찾는 사람도 뜸하다. 누군가 뒤따라오는 것 같아 고개를 돌린다. 그림자뿐이다.

산새들의 울음소리가 나그네의 발길을 잡는다. 앙상한 나뭇가지를 타고, 장기자랑이나 하듯 이리저리 옮겨 다니며 즐겁게 노래 부른다.

그놈들 참 재주가 비상하구나 하고 칭찬을 하니 신이 나서 더 열심히 노래하며 옮겨 다닌다. 산새가 노래하니 산도, 길손도 외롭지 않다. 작은 몸, 조그만 날개로 이 나무 저 나무로 옮겨가며 노는 모습은 보기에도 신기하다.

처음에는 그놈들의 울음이 달갑지 않더니만 점차 쌓여가는 적막을 몰아내니 싫지가 않다. 너희들이라도 나를 반겨주니 고맙다. 내가 오지 않았으면 너들도 무료하겠지 하니, 그렇다고 날개짓을 하며 좋아하는 눈치이다.

이놈들이 집주변에 산다면 울음에 익숙해 있어 아름다움을 모를 것이다. 그러나 산속에 살고 있으니 평소 잘 듣지 못하던 소리라 거부감이 없다.

저들이 좋아서 울던, 나그네를 반겨서 울던, 듣는 사람이 즐겁기만 하면 그만이 아닌가? 오가는 나그네의 길동무가 되어주니 더더욱 고맙다. 문득 김소월의 '산'이란 시가 떠오른다.

"산새도 오리나무 위에서 운다. 산새는 왜 우노, 시메산골 영 넘어가려고 그래서 울지 …… 산에는 오는 눈, 들에는 녹는 눈. 산새도 오리나무 위에서 운다. 산수 갑산 가는 길은 고개의 길"

오리나무는 옛사람들이 거리를 나타내기 위해 오리마다 한 그루씩 심었다 하여 붙여진 이름이라 한다. 지금 산새들은 높은 영을 넘어야 할 걱정 때문에 우는 것이 아니라 짝을 찾아 운다.

한층 목청을 가다듬고 교태를 부리며 노래를 부른다. 아직 봄이 무르익지 않아서인지, 서식지로 적절하지 않아서인지 산을 오를수록 산새들의 울음소리가 줄어든다.

정상에 올라 어디로 가야하나 하고 머뭇거린다. 아직 겨울의 잔영이 남아있어서인지 오후 햇살은 얇다.

해는 내일을 위해 서쪽을 향해 줄달음질쳐 서산을 넘다가 잠시 주저하고 있다. 종일을 쉬지 않고 오다보니 지쳐서 잠시 쉬는 모양이다. 아니다. 별과 달에게 자리를 물려주기가 싫어서 머뭇거린다.

산 그림자가 계곡을 덮으니 사방이 어둑해진다. 이제 돌아가야 할 시간이다. 몸이 오싹해지며 소름이 돋는다.

올해도 할미꽃은 피는데

뒤 뜨락 담장 밑 양지바른 곳에 할미꽃을 심어두고 해마다 3월로 접어들면 꽃이 피기를 기다린다. 내가 기다리는 것은 화사한 봄날 자주색 고운 자태로 다소곳이 고개를 숙이고 피는 꽃을 보기 위해서가 아니다.

불러도 대답이 없으신 어머니에 대한 그리움 때문이다. 할미꽃이 필 때면 마음속 깊은 곳에 어머님에 대한 그리움이 눈물 되어 흐른다. 자식이 얼마나 보고팠으면 바라보다 저토록 허리가 휘어졌을까? 생각할수록 마음이 저리다.

올해도 3월로 접어드니 꽃대 끝에 자주색 꽃이 피어 다소곳이 고개를 숙이고 있다. 여러 대의 꽃이 순서대로 피어 높낮이를 달리하고 모여 있는 모습을 보고 있노라면 마치 가족이 한자리에 모여 오손도손 얘기를 나누는 것 같다.

할미꽃은 꽃대가 할머니의 꼬부랑허리를 닮았다 하여, 또 흰털로 덮인 씨앗이 할머니의 머리와 같다고 하여 붙여진 이름이라 한다. 그래서 할미꽃을 노고초(老姑草) 또는 백두옹(白頭翁)이라고도 부른다.

철없던 어린 시절 할미꽃이 필 무렵 아이들과 어울려 '구부러진 호호백발 할미꽃, 어쩌다 등 굽은 꽃이 되었나.' 하고 노래를 불렀다.

불효한 자식이 부모를 뵐 면목이 없어 고개 숙이고 있다는 전설,

이마에 손을 얹고 자식이 오는가를 바라보다 허리가 굽어졌다는 옛말을 생각하며 꽃을 만진다. 어머니의 손길처럼 부드럽고 따스하다.

한동안 담벼락에 기대어 동쪽 하늘을 바라본다. 아무리 보아도 당신의 모습은 보이지 않는다. 초라한 행색으로 살아가는 자식이 보기 싫어서일까, 잊고 사는 자식이 괘씸해서일까?

어머님, 당신이 떠나신 후 어언 50년의 세월이 흘렀습니다. 지금도 당신의 핏기 없는 야윈 모습은 변함없이 마음 한구석에 자리잡고 있습니다.

어머님! 낯설은 그곳에서 아프지 않으시고 근심 걱정 없이 잘 계시는지요. 그곳에도 봄, 여름, 가을, 겨울 사계절이 있고 봄이 오면 산새가 울고, 매화도, 할미꽃도 피는가요. 여름이면 녹음이 우거지고, 매미가 울고 가을이면 낙엽지고 겨울이면 얼음도 얼고 눈도 내리는지요.

잠자리가 불편하시지 않으신지요. 어머님, 이 넓은 세상도 끝이 있는데, 당신에 대한 그리움은 끝이 없네요.

나 여기 잘 있으니 걱정하지 않아도 된다고 한 말씀만 해주시면 아니 되는가요? 어머님! 그리운 마음 눈물에 담아 보냅니다.

꽃은 피어 일주일 정도 지나면 꽃잎이 한, 둘 떨어지고 흰솜털로 덮인 씨앗만 남는다. 그러다 보면 어느 날 열매마저 솜틀에 매달려 바람 따라 지향 없이 날아간다.

5월이 되면 모두가 떠나고 말라가는 꽃대만 남아 바람에 흔들린다. 이를 보노라면 지난날 자식을 타지로 떠나보내고 마음을 잡지 못하시던 당신의 모습이 눈에 선하다.

인생길에는 손가락으로는 다 셀 수 없는 많은 만남과 이별이 반복된다. 이 가운데 잊으려고 해도 잊혀지지 않는 일이 어머님과의 별리이다. 낳아주고 길러주신 은혜, 그 고마움을 가슴 속 깊이 묻어두고 있기 때문이다. 허공을 쳐다보고, 바람에 날려가는 할미꽃씨를 본다.

이제 세대가 바뀌어 지금 내가 메말라 가는 할미꽃대가 되어 바람에 흔들리고 있다. 머지않아 남은 가족과의 이별이 나를 기다리고 있다.

요즘 세대도 부모와의 이별에 눈물을 흘릴까? 부모를 떠나보내고는 생전에 효를 다하지 못하였다고 후회하며 눈시울을 붉히는 자식이 있을까?

세대가 다르니 단정할 수 없지만 저들이 잘살면 부모 은공도 잊은 채 제 잘났다는 생각으로 살아갈 것이고 살기가 힘들면 부모를 잘못 만나서 그렇다고 원망할 것이다.

오늘날 부모 자식이라는 사실은 동사무소에 비치되어 있는 공적부에 아래위로 기록되어 있는 것뿐이다. 남남이나 다름없다.

만남과 이별로 얼룩진 인생길

꽃피고 새우는 화사한 봄이 집 담장을 넘나들고 있다. 창가에 앉아 먼 산을 바라보며 만남, 부부 그리고 이별이란 단어를 곱씹는다. 부부간의 만남과 헤어짐은 일생을 두고 겪어야 하는 기쁨이요 슬픔이요 아픔이다.

누구나 이 세상에 오면 인생이란 파도에 실려, 웃음도 있고, 눈물도, 아픔도 있는 세상을 돌아다닌다. 그러다가 인연이 닿아 당신을 만나 비바람 몰아쳐도, 떨어지는 잎새 앞에서도 흔들림 없이 일생을 함께하자고 손가락 걸며 맹세한다.

그리고는 그의 가슴에 닻을 내리고 보금자리를 만들고 깨어질세라, 부서질세라, 서로를 아끼고 보듬으며 약속을 지켜나간다.

사랑 뒤에는 이별이 숨어있는 줄 모른 채 세월을 따라가다 보면 인생은 황혼으로 기운다. 그때가 되면 아프리만큼 사랑하겠다는 약속도 허망하게 무너져 내리기 시작한다.

세월은 세상 어떤 것에도 영원을 허락하지 않는다. 이는 창조주의 뜻이다. 그 누구도 세월이란 멍에에서 벗어나지 못한다.

도도히 흘러가는 세월의 강물에 몸을 맡기고 가다가 옛날이 그리워 그 시절로 돌아가게 해달라고 애원해 보지만 세월은 무정하게 뿌리치고 가버린다. 천년도 수유(須臾)라고 생각하는 인간의 욕심에서 보면 인생 칠십은 짧다.

어느 날 한사람이 먼저 떠나면 함께 앉았던 자리는 텅 빈 채 찬 바람이 지나간다. 빈방에 홀로 누워 천정도 쳐다보고, 일어나 앉아 먼 산도 바라보며 눈물로 얼룩진 날들을 보낸다. 그러다 보면 흔하던 눈물도 마르고 생생하던 기억도 빛바래 희미해져 가다가는 지워진다. 그때가 되면 이별보다 더 아픈 것이 외로움이라는 것을 절감한다.

나 홀로 두고 가지 마오, 잡아도 보고, 조금만 기다려 달라고 졸라도 보고, 홀로 남은 이 몸 어찌하나 매달려 보지만 무정한 임은 말없이 떠나간다.

검은머리 파뿌리 될 때까지 지켜준다는 그 언약 어디 두고 홀로 가버렸냐고 투정도 하고, 긴 밤 외롭다 하소연하며 눈물 밤 지새다 보면 세월은 이마저 안고 가버린다.

눈물 강 건너서 만나자든 맹세도, 다시 태어나 부부가 되자던 약속도, 다시 만나 이별 없는 곳에서 오래오래 살자는 언약도 허공을 맴돌다 사라진다.

살다 보면 힘들고 지칠 때가 있다. 그러면 이놈의 명줄 왜 이리도 질긴가 하고 신세타령을 한다. 그러나 막상 떠날 때가 되면 명줄 놓지 않으려고 발버둥 친다.

권력, 부, 명예를 한 아름 안고 살아온 사람이라 하여 이곳에 오래 머물고 힘없는 사람이라 하여 일찍 가는 일은 없다. 세월이란 잣대는 누구에게나 공평하다

창 넘어 푸른 산을 바라본다. 하늘 높은 줄 모르고 자라며 사시사철 절개를 지키는 저 소나무도 언젠가는 끝을 맞이할 날이 올 것이다.

내 인생도 저 소나무처럼 변함없을 것이라고 생각하고 욕심부리며 지내온 세월을 생각하면 허망하기 짝이 없다. 세상에 바보가 따로 있는 것이 아니라 내가 바로 한참이나 모자라는 바보다.

벚꽃은 바람에 흩날리고

4월초 팔공산 벚꽃축제가 있다는 현수막이 바람에 펄럭인다. 옛날과 달리 팔공산 일대에는 골짜기마다 조경업자가 심은 벚나무가 있고, 새들이 버찌를 먹고 산에 배설한 씨앗이 싹이 터 자란 자생 벚나무도 더러 있다.

특별히 벚꽃 구경을 가지 않아도 인근 산을 오르면 쉽게 보고 감상할 수 있다. 그러나 오랜만에 군락을 이루고 만개한 꽃을 보려고 동화사행 버스를 탄다.

굿 당을 지나 동화교터미널에서 내린다. 다리 아래쪽과 위쪽에 벚꽃이 탐스럽게 피어있다. 꽃을 감상하면서 집단시설지구 쪽을 향해 경사진 길을 걸어 올라간다. 차들도 숨이 차서 헐떡이며 고갯길을 돌고 돌아간다.

벌써 성급한 꽃잎들이 바람에 날려 흩어지고 있다. 오늘은 가지에 붙어있지만 내일이면 떨어져야 하는 것이 그들의 운명이다. 그러나 조금도 슬픈 표정 짓지 않는다. 뒤따라 돋아나는 잎이 있으니 웃으며 날아간다.

지는 꽃잎처럼 인간도 어느 날 왔던 곳으로 돌아간다. 그러나 기다리는 사람은 없고 저승사자만 반기니 웃음이 없다.

중국 여류 시인 설도(薛濤)의 춘망사(春望詞)를 암송하며 비탈진 길을 계속 올라간다. 춘망사 가운데 우리에게 잘 알려져 있는 부분은 세 번째 연(三聯)이다.

꽃들은 바람결에 나날이 시들고(風化日將老),
아름다운 기약은 이미 아득하네(佳期猶渺渺).
그대 마음 함께 맺지 못하고(不結同心人),
쓸쓸한 마음 풀잎만 묶고 있네(空結同心草).

이를 김억(안서) 선생께서 역사하시고, 김성태 선생께서 작곡하신 가곡 '동심초'이다. 고교시절 음악시간에 자주 부르던 노래다. 소리 내지 않고 한 소절 불러본다.

'꽃잎은 하염없이 바람에 지고, 만날 날은 아득타 기약이 없네.
무어라 맘과 맘을 맺지 못하고, 한갓되이 풀잎만 맺으려는고.'

오후 늦은 시간이 되니 북적이던 사람들 하나 둘 떠나고 집단시설지역은 한적을 넘어 적막하다. 날씨도 봄이 아직 설익은 탓인지, 산골이기 때문인지 쌀쌀하다.

동화사 집단시설지구에 이르러 찻집을 찾는다. 창가에 앉아 커피잔을 앞에 놓고 입을 댄다. 특유의 향이 없다.

난방이 쌀쌀한 날씨를 이기지 못하니 실내는 차갑고, 손님이 없으니 분위기가 썰렁하다. 혹시 낯익은 사람이라도 있는가 하여 주위를 두리번거려 본다.

꽃이 피면 함께 즐기고 꽃이 지면 슬퍼할 친구는 없어도 오늘 이

시간만이라도 날씨가 차니 건강에 신경 좀 쓰게 하고, 위로의 말 한마디 던져주는 벗이 있었으면 하는 마음 간절하다.

그러나 이는 욕심이요 허망 된 바람이다. 지난날 마음 터놓고 지낸 벗도 소수인데 지금 이 시간에 기다릴 벗이 어디 있겠는가? 아쉬워한들 무슨 소용이 있나? 찻잔을 비우고 나니 찻집의 고독이란 말이 실감난다.

바깥을 내다보니 가지 끝에 매달린 꽃봉오리들이 휘황찬란한 불빛에 반사되어 눈같이 희다. 내일이면 바람 따라 떠나야 할 운명인 것을 잊은 채 밤을 즐기고 있다.

일어나 버스승강장으로 내려와 줄을 서서 차례를 기다린다. 일행과 함께 웃음도 나누고, 혀 꼬부라진 소리를 내며 즐기는 나이든 사람도 있다.

평소 같으면 고개를 돌리고 마는데 오늘은 왠지 흉하게 보이지 않는다. 유독 나만 혼자라는 것 때문일까? 축제라는 기대는 오간데 없고 쓸쓸함만 더해준다.

오리 배는 잔물결을 남기고

한가하던 저수지주변에 꽃이 피고, 잎이 돋아 짙어지니 남녀노소 구분 없이 공원을 찾는 사람이 늘어난다. 이곳을 찾는 사람들의 사연은 각양각색이다.

건강을 위해, 사랑과 추억을 위해, 나비생태공원견학 등 다양하다. 또 할 일이 없어서 오는 실업자, 갈 곳이 마땅치 않아 찾아오는 늙은이도 있다.

찾는 사람이 없어 저수지 선착장에서 긴 겨울잠을 자던 노란 오리 배 두 척이 오래간만에 기지개를 켜며 물살을 가르고 한가로이 물 위를 지나고 있다. 그 뒤로 잔물결이 햇빛에 반사되어 은빛으로 빛난다.

구름은 물속을 오고 가고, 새들은 숲에서 노래하며 즐긴다. 아가와 엄마는 손에, 손잡고 재잘거리며 앞서거니 뒤서거니 하며 간다. 나무도 즐거워 가지를 흔드니 지나는 나그네 덩달아 미소 짓는다.

오리 배 하나는 사랑을 싣고. 다른 하나는 효심을 담아서 조용히 물살을 가르며 간다. 사랑이 무르익어 행복한 가정 이루기를, 효심이 하늘을 감동케 하여 장수하기를 바란다.

저수지 주변 따라 많은 사람들이 오간다. 함께 걸어가며 표정을 보니 밝은 사람, 어두운 사람, 무표정한 사람, 혼자 걷는 사람, 가족과 함께, 연인과 같이, 맨발로, 파라솔을 들고 걷는 사람도 있다.

나무그늘에 젊은 남녀가 앉아 이야기꽃을 피우며 차 한 모금 마시고는 서로 바라보며 행복에 젖어있다. 사랑이 무르익어 결실을 맺기를 바라며 지나간다.

한참을 걷다가 그늘에 앉아 지난날들을 더듬는다. 한창시절은 거듭 오지 않고, 하루는 두 번 세기가 어렵다(歲月不待人)는 도연명(陶淵明)의 시를 되새겨본다.

젊은 시절 어영부영 보낸 자괴감이 마음을 누른다. 세월에 밀려 젊음은 저 먼 곳으로 가버리고 남은 것은 병든 몸, 지워져 가는 옛 추억, 세월이 수놓은 주름살, 서리 맞은 머리, 삶에 눌려 굽은 허리, 아픈 다리가 전부이다.

일어나 다시 느린 걸음으로 걷는다. 출발지로 돌아와 찻집을 찾는다. 창 너머 지나는 사람들을 보니 모두가 활기차다. 웃음을 주고받으며 못다한 말들을 쏟아내고 있다.

그래서 만남이란 좋은 것인가 보다. 내게도 저런 시절이 있었던가, 하고는 웃는다. 누군가가 당신은 왜 이곳에 혼자 청승맞게 앉아 있는가, 하고 물으면 산이나 공원은 찾아오는 사람을 거절하지 않으니 온 것뿐이라는 궁색한 답을 할 수밖에 없다.

비둘기가 우니 비가 그치겠구나

날씨가 흐리고 이따금씩 빗방울이 떨어진다. 길가 풀숲은 온통 빗물로 흠뻑 젖어있다. 그러나 길이 넓어 걷기에는 그렇게 어설프지 않다.

갑자기 숲속에서 야생비둘기 울음소리가 난다. 비둘기의 울음은 듣는 사람에 따라 다르지만 대체로 구성지고 청승맞게 들린다.

내 어릴 적 큰비가 오면 논밭이 떠내려가거나 흙과 돌, 뿌리채 뽑힌 나무들이 수북하게 쌓였다. 이를 본 농부들은 넋을 잃고 비둘기울음에 맞춰 구성지게 노래를 불렀다. 나도 그때 뜻도 모르고 어른들이 하는 대로 그냥 따라 불렀다.

내가 부르던 노래 말은 '마누라 죽고, 자식 죽고, 논·밭 다 떠내려가고, 이내 몸 혼자 남아 어이살고, 어이살고'로 되어있다.

생각하면 황폐화된 들판을 바라보며 절규하는 농부들의 한의 소리가 아니었던가 싶다. 가뜩이나 빈곤한 가세에 흙더미로 쌓인 논밭을 바라보는 농민들의 마음은 타들어가 시커먼 숯이 되었을 것이다.

조류는 기후의 변화를 예단하여 적응하는데 뛰어난 감각을 지니고 있다. 그래서 옛 어른들은 비가 오면 야생비둘기가 집이 떠내려가지 않을까 하여 운다고 여겼다.

비둘기울음과 수해 간에 무슨 관계가 있겠는가? 이놈들은 집 없이 사는데 큰비가 온다고 피해를 입는 일은 없다. 이제 비가 그치고 날씨가 맑아질 것을 알고 짝을 찾아 우는 것이다.

그러나 수해로 살길이 막막한 농부들은 비둘기가 울면 비가 계속 내릴 것이라고 예단했던 모양이다. 비둘기가 우니 비가 그치겠구나 하고는 우산을 접는다.

하늘을 쳐다보니 검은 구름이 바삐 남으로 흘러가고, 그 자리에 흰 구름이 두둥실 떠있다. 컴컴하던 숲속도 밝아지기 시작한다. 산은 더없이 푸르고 산뜻하다.

이 모두가 자연의 조화이다. 지나가는 길손들의 얼굴에도 밝은 빛이 감돈다. 비가 멎으니 걷기가 수월하고 산뜻한 주변경관이 즐거움을 더해준다.

등산객의 걸음도 한결 가벼워져 보인다. 또 비둘기 울음소리가 들린다. 같은 울음인데 앞서보다 구성지지 않고 경쾌하게 들린다. 뒤따라 뻐꾸기가 우니 한결 기분이 상쾌하다.

시시각각으로 변하는 것이 사람의 마음이 아니던가? 한참을 걸어 구절송(九節松) 쉼터에 도착한다. 오래도록 살아 장수 목으로 대접받고 길손들의 찬사를 들으라고 당부하고 발길을 돌린다.

연향(蓮香)은 은은하고

농로를 따라 미곡동으로 가는 길목에 자그만 저수지 부근에 벼농사를 짓던 곳에 연(蓮)을 재배하는 농장이 있다. 아마도 벼농사를 짓는 것보다는 연을 심는 것이 경제성이 나은 모양이다.

연이 심겨져 있는 논두렁으로 들어선다. 물 위로 우뚝 솟은 꽃대에 쟁반같이 둥근 연분홍 꽃과 하얀 꽃이 탐스럽게 피어있다. 꽃말이 순결, 청정을 의미하듯 맑고 깨끗하다.

연꽃은 불교를 상징하는 꽃으로 극락에는 이 꽃이 사철 피어있다고 한다. 미풍에 가늘게 흔들리고 있는 꽃을 대하니 미소를 짓고 있는 부처님의 자비로운 모습이 떠오른다.

꽃에서 풍기는 은은한 향기는 길손의 발을 잡는다. 연은 흙탕물에서 자라지만 잎에는 오물이 튀어도 묻지 아니하고 꽃향기는 물에서 풍겨 나오는 악취를 희석시켜 주기도 한다.

꽃은 해가 떠오르면 피고, 지면 오므리고, 꽃이 피면서 연실(蓮實)이 생긴다. 꽃이 떨어지면 소담스러운 연실만 남는다. 벌써 설익은 연실만 매달고 있는 것도 더러 보인다.

한동안 꽃을 바라보다 연 밭을 뒤로 하고 미곡동을 지나 용수동으로 발길을 옮기며 부처님을 떠올린다. 부처님은 오탁악세(五濁惡世)에 태어나 중생제도에 일생을 보내셨지만 세속의 온갖 죄악에 물들지 않으시고 청정함을 유지하셨다.

그래서 불교에서는 부처님의 일대시교(一代時敎)를 연꽃에 비유하며 중생을 가르친다. 사찰에 가면 불타(Buddha)나 보살이 연꽃모양을 한 좌대에 앉아 있다. 이를 연화좌라 한다. 이 또한 부처님은 중생과 함께 계시지만 세속 죄악에 물들지 않으심을 뜻한다.

사람의 본래의 마음은 연꽃처럼 깨끗하다 하여 연화심(蓮花心)이라 한다. 그러나 죄악의 늪에서 헤어나지 못하여 생(生)과 사(死)가 반복되는 윤회의 고통을 거듭한다.

불교는 인생이란 고해에서 벗어나기 위해서는 연꽃처럼 오물이 튀어도 묻지 아니하고 언제나 청정함을 유지하여야 한다고 가르친다.

사람이 지나간 자리는 아름다워야 한다고들 한다. 그 자리는 다른 사람이 만들어주는 것이 아니라, 자신이 만드는 것이다. 연향처럼 참사람의 냄새가 은은하게 묻어나면 이것이 바로 연꽃 같이 아름답게 사는 것이다.

이는 불자(佛子)만이 바라는 것이 아니라 사람이면 누구나 원하는 삶의 가치이다. 용수동을 지나면서 주변에 있는 여러 사찰들을 본다.

부디 점이나 운수, 관상을 봐주는 사찰 아니기를 바란다. 부처님의 자비로 모든 사람이 행복하게 사는 세상을 만들어 가는 데 이바지하는 도량이기를 바라며 합장하고 고개를 숙인다.

걷다 보니 신무동까지 왔다. 너무 멀리 온 것 같다. 이곳은 교통이 불편한 곳이다. 집까지 걸어서 오기에는 좀 멀게 느껴진다.

그렇다고 마냥 죽치고 앉아 버스가 오기만을 기다릴 수 없지 않은가? 아무리 머리를 굴려도 묘안이 떠오르지 않는다.

하는 수 없이 버스를 기다리고 있는데 터럭 한 대가 옆에 와 선다. 어디까지 가는가를 묻고는 동승을 허락하신다. 아마도 혼자 걷는 노인의 모습이 안쓰러워 보였던 모양이다.

걸어서 오면 줄잡아도 한 시간을 넘게 걸리는데 이렇게 쉽게 오다니 오늘은 참 운이 좋은 날이다.

편하게는 왔지만 그 대신 생전에 갚아야 할 빚이 하나 더 늘어났다. 빚이 쌓이면 저승길 가는 데 힘이 든다고 하는데 이를 어찌하나?

그를 다시 만날 길이 없으니 지금 내가 할 수 있는 것은 그분의 건강과 가정의 평화를 하느님께 청하는 것뿐이다.

모두가 제 갈 길을 간다

동화천 공터에 피어있는 야생화들이 지나는 나그네를 쳐다보며 반갑다는 표징을 짓는다. 꽃 이름에 대해서는 문외한이다. 맑은 하늘 쳐다보며 바람에 가느다란 몸을 흔들고 있는 모습은 청초하고 아름답다.

몇 년을 두고 같은 곳에서 피고 지고를 거듭하니 정감이 오가고 서로 마음을 주고받으니 사랑스럽다. 화려한 꽃이 아니라서 지나는 사람 누구도 눈길을 주지 않고 아름답다 칭찬해주지 않아도 섭섭함을 내색하지 않는다.

푸른 하늘 쳐다보고 바람에 몸을 가늘게 흔들며 계절을 즐긴다. 머지않아 올해 가을도 너들과의 만남을 추억으로 남기고 끝을 맺을 것 같다. 너들은 시들어 죽어도, 들불에 타서 형체마저 없어져도 내년이면 이 자리에 싹이 터 꽃을 피우겠지.

나는 내일을 알 수 없는 처지다. 내년에도 이 길을 걷게 된다면 다시 보자는 말을 하고는 걸음을 옮긴다.

높고, 푸른 하늘에는 조각구름 한 무리가 돛단배처럼 한가롭게 떠가고 이따금씩 불어오는 바람도 가을을 저 먼 곳으로 밀고 가고 있다. 추분이 지난 가을 해는 짧다.

해는 중천을 넘어 서산으로 기울고 바람도, 구름도 제 갈 길을 간다. 나 또한 내 길을 가지만 가는 길이 다르니 만날 수 없구나.

나는 기뻐도 이 길을 가야 하고 슬퍼도 가야 한다. 왜 가야 하느냐고 물으면 세월에게 물어보라 한다. 무정한 세월은 모른다고 한다.

떠나는 아쉬움도 모른 채, 이별의 눈물도 못 본 채, 그리움의 아픔도 모른 채, 야속한 세월은 뒤돌아보지 말고, 앞만 보고 가라 한다.

천리 밖 불어오는 바람도 비켜서라 밀쳐 내며 바삐 간다, 빛바랜 잎 달고 힘겹게 서있는 나무도 멍하니 하늘만 쳐다보고 있다. 지향 없이 가는 나그네 한숨소리 허공을 맴돈다.

정상에서 시가지를 바라본다. 아파트들이 빼곡히 서서 하늘을 떠받치고 있고 금호강 물은 뱀이 기어가듯 굽이굽이 돌아 쉬지 않고 가고 있다.

아파트는 밤낮없이 하늘을 밭치고 있으니 힘들어하고, 늦가을이지만 태양이 아스팔트를 달구니 길도 지쳐있다. 그 위를 달리는 자동차도 숨이 차 가다서기를 반복한다.

가로수도 벌거벗고 있다. 다른 나무처럼 청정지역에 살지 못하고 일 년 내내 자동차가 내뿜는 매연을 마시고 보내니 네 처지가 참 딱하다.

태양도, 자동차도, 강물도, 가로수도 모두가 저마다 가야 할 길을 간다. 나도 어디로 가는지 모른 채 세월에 밀려가고 있다.

단산지(丹山池)의 가을

단산지는 주변 산기슭 여러 계곡에서 흐르는 빗물을 모아 놓은 자그만 저수지이다. 일제강점기인 1932년 해안수리조합에서 축조하였다는 사실을 기념비가 말해주고 있다.

그 시절 이곳 주변 지역은 모두가 농경지였고 이곳에 용수 공급을 위해 축조한 것이다. 그러나 지금은 주변 지역 대부분이 주거지구, 상업지구로 탈바꿈하여 고층 아파트, 상가들이 즐비하게 늘어서 있다. 10년이면 강산도 변한다는 말이 실감난다.

저수지도 변화에 밀려 지금은 유원지로 바뀌어 계절에 관계없이 많은 시민들이 찾아와 즐기는 곳이 되었다. 가을이다 보니 저수지 주변 수목들이 붉고, 노란색으로 물든 그림자가 물속에 잠겨있다.

산을 오르며 단산지의 가을 전경을 보고 있노라면 마치 한 폭의 산수화를 보는 것 같다. 가을이 물에 담긴 아름다운 전경을 보고 저수지를 단산지(丹山池)라 한 것이 아닌가 싶다.

저수지를 내려다본다. 바람이 불지 않으니 물은 잔잔하고, 햇빛에 반사되어 눈부시다. 물안개 피어오르는 경관을 보고 있으면 자신도 모르게 황홀감에 빠져든다.

오색 단장 나뭇가지, 싸늘한 바람 스치고 지나면, 단풍잎 우수수 흩날리고, 서리 내린 단산지에 햇살이 미끄러진다. 물은 하늘을 품고 죽은 듯 깊은 잠에 빠진다.

구름은 물속을 오가며 즐기고, 깊어가는 가을 산 낙엽만 쌓이는데 인적 없는 오솔길 바람만 외로이 간다. 지향 없이 가는 나그네, 한숨 소리 허공을 맴돌다 사라진다.

공원 뒷산에 올라 팔각정 휴게소, 체육시설을 지나 산 정상으로 향한다. 경사진 비탈길이라 때로는 나뭇가지를 잡고 오르다 보니 발만이 아니라 손도 고달프다.

힘들게 정상에 이르러 숨을 고른다. 한참을 쉬면서 등산객들의 이야기에 귀를 기울인다. 모두가 밝은 표정으로 말을 주고받는다. 누구에게나 미래가 있다는 것은 꿈과 희망이 있음이요, 그 속에는 행복이 숨어있음이다. 그래서 모두가 젊기를 바란다.

그러나 강물이 흐르면 흙이 쌓이듯 세월이 가면 나이가 더해진다. 인간에게 늙음은 피할 수 없는 진행형이다. 한참을 쉬고 일어나 왔던 길로 돌아온다. 일할 때는 하루가 어떻게 가는지를 몰랐는데 지금은 길기만 하다.

터미널로 오면서 내일은 무엇을 할까를 생각한다. 선택의 여지가 없는데 무얼 바라는 걸까? 웃으며 하늘을 쳐다본다. 솜털 같은 구름이 여유를 부리며 한가롭게 가고 있다. 가는 곳 어딘지 몰라도 갈 곳이 있는 구름을 보니 부럽다.

불공드리는 할머니

가을이 팔공산 정상을 덮쳐 아래로 내려오고 있다. 염불암 위쪽은 이미 단풍이 짙게 물들었고 일부는 떨어져 앙상한 모습을 하고 있다. 아래쪽은 아직 가을이 깊지는 않다.

동화사 대웅전을 둘러보고 약사여래대불로 향해 내려오다 우측으로 방향을 바꿔 돌계단을 힘겹게 오른다. 계단을 세어 보지는 않았지만 들리는 말로는 인간의 번뇌(煩惱)에 맞춰 만들었다고 한다.

인간의 번뇌가 삼세에 걸쳐 백팔 개나 된다고 하니 아마 돌계단의 수도 이에 맞춘 것이 아닌가 싶다. 번뇌가 이리도 많으니 인생을 고해라 하는 모양이다.

약사여래대불을 쳐다보고 주변도 살핀다. 구름도 부처님이 성낼까하여 그 위를 날아가지 못하고 비켜가고 있다. 대불 앞에는 머리카락이 희끗희끗한 노파가 정성을 다해 불공을 드리고 있다. 인기척에도 흐트러짐이 없고 촛불만 틈새로 들어오는 미풍에 흔들리고 있다.

조금 떨어진 곳에서 할머니의 모습을 눈여겨본다. 대자대비하신 부처님께 무슨 소원을 저렇게 간절히 청하고 계실까?

수북하게 쌓인 세월은 부처님도 어쩌지 못한다는 것을 알만한 나이가 되셨으니 자신의 무병장수를 바라는 것은 아닐 테고, 아마도 사후 극락왕생을 빌거나 자식들의 소망을 청하는 것이 아닐까 싶다.

한참을 보다가 약사여래불을 뒤로 하고 계단을 내려서며 남쪽 하늘을 바라본다. 흰 구름 한 무리가 떠가다 흩어지고 있다. 나옹선사(懶翁禪師)의 열반 송 한 구절을 떠올린다.

'뜬 구름은 본래 실체가 없는 것, 사람도 태어나고 죽음이 이와 같다'(浮雲自体 本無實, 生死去來 亦如然)

만났다가 헤어지고, 모였다가 흩어져 자취를 감추는 것이 자연의 이치인데 우리 인생도 이와 무엇이 다르겠는가? 인생이란 한 조각 흘러가는 구름과 같다면 무엇하러 탐욕, 성냄, 노여움(貪瞋癡)에서 헤어나지 못하는지 모를 일이다.

뒤돌아보니 저만치서 약사여래대불이 미소를 지으며 어서 가라고 손짓한다. 걸음을 재촉하여 백운교, 본 절을 거쳐 부도암, 내원암, 양진암 쪽으로 발길을 옮긴다.

동화사에서 세 암자까지의 거리는 얼마 되지 않지만 경사진 길이다. 이들 암자는 비구니들이 수도하는 곳으로 얼마 전까지만 해도 조그만 사찰이었는데 지금은 제법 큰 암자로 변하였다.

세월 따라 만사가 변해 가는데 암자라 하여 옛 모습 그대로 있으란 법은 없지 않은가? 시멘트로 포장된 길을 따라 오르니 앳된 비구니 세 분이 숲길을 산책하고 있다.

자연을 즐기며 편안하게 걷는 모습이 보기에 참 좋다. 그러나 저 나이에 고해에서 벗어나기 위해 고행의 길을 가고 있으니 믿음이란 힘은 참 대단하다. 부디 정진을 거듭하여 소망을 이루시기를 바란다.

여름에는 나뭇잎 모두가 푸르니 차이가 없지만 늦가을이 되면 상록수와 활엽수는 확연하게 달라진다. 곱게 물들어 가고 있는 활엽수 사이에 끼인 소나무가 계절 따라 변하지 못하는 자신을 한탄하며 풀이 죽어있다.

소나무더러 지금은 초라하게 보일지 모르지만 잎이 지고 나면 사시사철 변함없는 너의 모습이 돋보일 것이다. 기죽지 말라고 위로한다.

우리 인생도 세파에 시달리다 보면 모습도, 마음도, 생각도 변한다. 기왕이면 소나무처럼 인생 끝자락까지 초심으로 살면 얼마나 좋을까?

떠나야 할 시간이 촉박한 늦가을매미가 죽어가는 소리로 처량하게 울고 있다. 새벽부터 저녁까지 울며 매달려도 가는 세월을 잡을 수 없다면 차라리 울음 그치고 죽어야 할 운명을 받아들이는 것이 좋지 않을까?

계절을 이기지 못하고 울고 있는 매미 울음소리가 처량하게 들리는 것처럼 늙은이의 마음도 쓸쓸하기는 마찬가지다.

해바라기의 일편단심

해바라기는 오늘도 지나는 사람들을 반기며 환하게 웃고 있다. 이 꽃은 기다림과 그리움 속에서 피어나 사랑하는 임만을 바라보다 지는 꽃이라고 전해진다.

태양의 신 아폴론을 사랑한 물의 요정 크리티가 자신의 뜨거운 사랑을 받아주지 않는 그를 한없이 기다리며 바라보다 그만 발이 땅에 붙어 꽃이 되었는데 그 꽃이 해바라기란다. 그래서 지고지순한 사랑 하면 바로 해바라기를 연상하게 된다.

해바라기는 장대 같이 높은 키에, 커다란 둥근 꽃을 달고 있어 거만해 보이지만 어린아이 앞에서도 고개를 숙이는 겸손함을 잃지 않는 꽃이다.

단산마을 자투리땅에 지난해 피었던 해바라기가 올해도 쟁반같이 둥근 꽃을 매달고 고개를 약간 숙이고 동쪽을 바라보며 서있다. 부드러운 햇살이 꽃잎을 어루만지며 지나간다.

꽃이 해를 따라간다 하여 해바라기라고 한다지만 해를 따라 움직이는 것 같지는 않다. 해가 중천을 넘어가도 사랑하는 임만을 바라보는 것처럼 한쪽만을 향하고 있다.

무정한 세월이 어찌 인간의 마음을 헤아려 주기나 하겠는가? 어느덧 10월이 되었다. 꽃잎 하나둘 떨어지더니 며칠 지나지 않아 씨 통만 남았다.

그 뒤 어느 날 보니 주인이 씨 통만 잘라가고 메말라가고 있는 줄기만 남겨 놓았다. 너는 해야 할 일을 다 하고 생을 마감하였지만 반갑게 맞아주던 네가 없으니 쓸쓸하기만 하다.

너와 나는 봄, 여름, 가을 세 계절을 말없이 눈으로 정담을 나누지 않았던가? 일생 해를 향하고 있는 너의 모습을 볼 때마다 부러웠다.

해가 너를 홀로 두고 가버려도 한마디 원망 없이 일편단심 그를 사랑하지 않았던가? 나도 하느님을 사랑한다. 그러나 너처럼 한눈팔지 않고 하느님만 바라보지 못하고 때로는 잊고 살 때가 있다. 이것이 너와 나의 차이다.

언제쯤 너를 다시 볼 수 있을까 하고 손가락으로 헤어 보니 다섯 손가락을 넘어선다. 혼자 멋쩍게 웃는다. 내가 내년에도 이 길을 걷는다는 보장이 없는데 너를 기다린다고 하니 웃음이 나오지 않을 수 없다.

내가 떠나면 너를 볼 수 없고 너 또한 주인이 심지 않으면 그 자리에 있을 수 없지 않은가? 이렇게 보면 너와 나의 처지가 비슷하다. 내년에도 다시 너를 보기를 바라며 걸음을 옮겨 산을 오른다.

길목에 있는 성주 배씨 문중 집성묘지를 본다. 자손이 찾아와도 말 한마디 못하고 반갑다 손 한번 잡아 줄 수 없으니 참으로 딱하다. 이승과 저승의 거리가 종이 한 장 차이라고 하지만 불러도 듣지 못하니 아득히 멀고 먼 거리가 아닌가?

페트병에 갇힌 메뚜기

들판에는 탐스럽게 익은 황금빛 벼이삭이 바람에 출렁이고 있다. 우리 동네 앞들은 친환경 벼농사를 한다. 그래서 메뚜기들이 다른 곳에 비해 많다. 논두렁으로 들어서면 놈들이 놀라서 이리저리 뛰고, 날고 한다.

아침 일찍부터 아줌마가 손에 페트병을 들고 메뚜기 쫓아 논두렁을 분주하게 움직인다. 그때마다 놀란 메뚜기들이 다른 벼 잎 뒤로 튀거나 날아가 숨는다.

그러다가 끝내는 아줌마의 재빠른 손을 피하지 못하고 잡혀서는 병 속에 던져진다. 가까이 가보니 병 안에는 여러 마리의 메뚜기들이 잡혀서 갇혀있다. 탈출을 시도해 보는 놈도 있고 아예 포기하고 주저앉아 있는 놈도 있다.

아무리 뛰어도 도망쳐 나올 수 없으니 체념하고 있는 것이 좋으련만 그래도 혹시나 하여 몸부림치는 모습이 안쓰럽게 보인다. 도망치는 메뚜기와 이를 쫓는 아줌마와의 싸움은 한동안 이 좁은 논두렁에서 계속될 것이다.

메뚜기더러 이제 그만 뛰지 말고 그대로 잡히라고 할 수도 없고, 아줌마더러 잡기를 포기하라고 말할 처지도 못된다. 도망치고 잡는 싸움은 아줌마가 포기할 때까지 계속될 것이다. 보기에도 민망하다.

내 어린 시절 산골 논에는 농약을 살포하지 않아 온통 메뚜기들의 세상이었다. 논두렁에 올라서면 벼를 훔치던 참새떼들이 인기척에 놀라 이리저리 날아가는 것처럼 메뚜기들이 사방으로 튀고 날았다.

이놈들이 벼잎을 갉아 먹어 줄기만 남으면 벼가 피어도 제대로 익지 않고 절반이 쭉정이가 된다. 이를 바라보는 농심은 타들어 갔다. 나도 그때 메뚜기를 잡아 벼 해기에 꿰어 마른 나뭇가지를 모아 놓고 불을 지펴 놓고 구워 먹었다.

단백질이 풍부하다는 것도 몰랐고, 그저 배가 허전하니 먹었고, 맛은 고소하였다. 세월이 흘러 지금은 메뚜기가 기호식품이 되어 드물게 애호가들의 식탁에 오른다.

세월 따라 일어나는 변화를 누가 막을 수 있단 말인가? 세월은 무쇠도 갉아먹는다 하지 않든가?

꽃이 시들어 땅에 떨어지는 것도, 사람을 흙으로 가게 하는 것도 세월이다. 맨발에 종아리 내놓고 짚으로 만든 공을 차던 아이 앞에 세월이 쌓여 산을 이루고 있다.

어쩌다 고향에 가면 옛날 함께 뛰놀던 친구들을 수소문해 본다. 세상을 떠난 친구가 많다. 그들은 농촌에서 태어나 농사일만 하다 보니 일이 싫어 일 없는 곳을 찾아 먼저 떠난 모양이다.

그래서 옛 어른들은 '망아지가 나면 제주도로, 사람은 서울로 보내라'고 한 모양이다.

둥근달이 어둠을 밀어내고

달밤 야경을 보고픈 마음에 유원지를 찾는다. 해가 서산에 걸리니 하늘은 붉게 물들고 땅거미가 조금씩 내려앉기 시작한다.

동산(東山)이 외로운 달을 토해내니 별들이 시들고 어둠이 놀라서 사방으로 흩어진다. 고요 속에 미동도 하지 않는 나무더러 너는 어이하여 이 달 밝은 밤에 춤추며 즐기지 않느냐고 묻는다.

바람이 자고 있으니 춤을 추고 싶어도 되지 않는다고 하소연한다. 너는 평생을 두고 바람의 꼭두각시가 되어 살아가야 하니 참으로 딱하구나. 부드러운 잎으로 바람을 깨워 함께 춤추며 즐기자고 졸라보라고 하고는 제방에 올라 사방을 살핀다.

오가는 사람 없고 싸늘한 밤공기가 가을임을 새삼 느끼게 해준다. 희미한 가로등 아래 잠자는 듯 조용한 물을 내려다본다.

물은 깊은 침묵에 빠져들고, 황혼이 지니 둥근 달이 물속에서 벙긋 웃는다. 바람이 구름을 밀고 오니 그림자 지나가고, 달은 수줍은 듯 얼굴 가렸다가 다시 내밀고는 웃는다.

하늘은 물속에서 슬픈 미소 짓고, 달빛에 잔물결 춤추며 놀고 있다. 바람, 달, 물이 함께 어우러져 즐긴다. 달빛 아래 물에 비친 일그러진 내 얼굴, 이 밤과 하나 되기를 거부한다.

오솔길 가로등 어두움을 밀어내고 앙상한 가지에 둥근 달이 걸려있다. 바람이 물안개 흩으며 지나고 사방은 고요에 짓눌려 숨마저 죽이니 달이 중천에서 혼자 이 밤을 즐긴다.

호젓한 길 혼자서 걸어가니 그림자도 간 곳 없고 보이는 것은 어둠뿐이다. 귀를 곤두세워도 들리는 것 없고 생각마저 멈추니 세상 시름 모두 사라지고 없다.

저수지 주변 길 따라 걷는다. 다니는 사람 없고, 계곡이 많으니 굴곡과 요철이 심하다. 금세 컴컴한 계곡에서 멧돼지라도 튀어나올 것만 같다.

비록 인적은 끊어졌지만 밝은 달이 비추고 드문드문 서있는 가로등이 죽어가는 시늉을 하며 희미하게 비춰주니 걱정할 정도는 아니다.

이 생각 저 생각에 사로잡혀 걷다 보니 저만치 저수지 둑이 희미하게 보이고, 가끔씩 오가는 사람의 모습도 어른거린다. 제방에 이르러 시가지 쪽을 내려다본다.

가로등, 네온사인, 자동차, 아파트 외등에서 비치는 불빛, 달빛이 한태 어우러져 호화찬란하다. 발길을 돌려 내려오는데 요란한 비행기 소리가 귓전을 울린다.

놀라서 하늘을 쳐다보니 불빛과 굉음이 어둠을 헤치며 금호강을 따라 서쪽으로 날아가며 작아지고 있다.

찻집을 찾아 차를 주문한다. 찻잔에 입을 대며 지난날은 어디 두고 이토록 청승맞게 혼자 앉아있는가 하고, 자신에게 묻는다. 저 멀리서 고목에는 매미도 앉지 않는다는 말이 들린다.

잎이 무성하고 속이 꽉 찬 나무도 많은데 속이 비어 죽어가는 고목을 찾을 리 없지 않은가? 자신이 참으로 한심하다.

그놈에게는 고목이 외롭다 하여 찾아와 위로해 줄 정도의 자비심은 없다. 그러고 보니 내가 매미도 앉지 않을 정도로 속이 텅 빈 고목이다.

한순간이지만 자신이 고목이라는 사실을 잊고 있었다. 해가 지면 가던 길을 멈출 줄 알아야 하는 하는데 아직도 더 갈 수 있다고 생각하는 자신이 모자라도 한참이나 모자란다.

달팽이의 운명

8월 말이 되어 텃밭에 김장배추를 심었다. 아침에 일어나 밭에 나가 달팽이 잡는 일이 하나 더 늘었다. 올해는 다른 해에 비해 달팽이 번식이 왕성하다. 친환경 재배를 하다 보니 이놈들이 배춧잎을 갉아먹어 성한 것이 별로 없고 어떤 것은 망이 촘촘한 그물과 같다.

달팽이는 야행성이어서 해가 지면 활동을 하고 해가 뜨면 땅으로 숨거나 배추 잎 뒤에 죽은 듯 붙어 꼼적하지 않는다. 하는 수 없이 이놈들을 해가 오르기 전에 잡아야 한다.

달팽이 곁에 가서 네놈은 어찌하여 인기척이 나도 숨지 않는가, 하고 묻는다. 움직일 때마다 집을 지고 가야하니 빨리 도망칠 수 없다고 한다.

이는 너의 운명이니 나도 어쩔 수 없구나, 하고는 핀셋으로 집어 비닐봉지에 넣는다. 그리고는 어린 시절 읽은 달팽이 우화를 떠올린다.

배추밭에 달팽이 부자(父子)가 살고 있었다. 새끼달팽이는 아버지를 볼 때마다 아버지의 큰집이 부러웠다. 자기 집은 너무 작아 드나들기 힘들고 남들이 집이 작다고 흉보는 것이 싫었다.

어린 달팽이는 날마다 하느님께 아버지처럼 큰 집에 살도록 해달라고 기도를 한다, 그러던 어느 날 그의 꿈이 이루어져 아버지처럼 큰 집에서 살게 되었다. 집이 크니 자기 또래 달팽이들이 부러워하고, 드나들기도 좋고 더운 날씨에도 시원하여 좋았다. 그러나 꼬마 달팽이는 마냥 좋아할 수만은 없었다.

계절이 가을로 접어드니 집은 크고 몸은 작아 찬바람이 들어오니 춥다. 그러던 어느 날 밭주인이 내일은 배추를 뽑아야겠다고 한다. 그 소리를 들은 달팽이들은 밤이 되지 모두 땅속으로 몸을 숨겼다. 그러나 꼬마 달팽이는 아무리 땅으로 피신하려고 해도 몸과 집이 떨어져 움직일 수 없다.

그제야 과욕이 비참한 결말을 가져오게 된 것을 알고 후회하며 뜬눈으로 밤을 새운다. 다음날 달팽이는 농부에게 잡혀 무참하게 일생을 마친다.

옷은 오래 입으면 닳아 엷어지고, 욕심은 쌓일수록 두꺼워진다. 또 옷은 겹쳐 입을수록 따뜻해지지만 욕심은 겹쳐질수록 무거워진다. 달팽이더러 너무 많이 먹어 몸이 무거워 도망치지 못하여 잡혀 죽지 말고 알맞게 먹고 해가 뜨기 전에 몸을 숨기라 한다. 그러면 이런 비극은 피할 수 있다고 일러준다.

무슨 식탐이 그리 많아 먹기만 하다가 잡혀 죽으니 안타깝다. 너도 생명이 하나뿐이지 않은가? 죽고 나면 먹을 수 없고, 가고 싶은 곳에도 가지 못하고 푸른 하늘 쳐다보며 즐길 수도 없다, 하나뿐인 생명을 소중히 하라고 당부한다. 아침마다 너들을 잡아 없애는 내 마음도 편치가 않다.

가을이 깊어가니 마음이 시리다

집을 나서며 주변을 살펴보니 모두가 한해를 마감하면서 힘겨워하고 있다. 온통 붉고 노란색으로 단장하고 있는 나무들이 닥쳐올 겨울을 대비해 잎 떨구고 잔가지를 죽여 가며 체중을 조절하고 있다.

매미도, 귀뚜라미도 추위를 견디지 못하고 자취를 감추고 없다. 산새도 추운 겨울을 어떻게 보낼까를 걱정하며 앙상한 나뭇가지를 붙들고 슬피 운다.

아침나절에는 구름 한 점 없던 맑은 날씨가 오후가 되니 하늘이 무겁게 내려앉으며 검은 구름으로 덮이고 있다. 늦가을이다 보니 날씨가 변덕스런 시어머니 같다.

바람이 붉게 물든 나무를 흔들고 지나가니 낙엽은 우수수 흩날리고, 구름도 지향 없이 밀려가니 파란 하늘이 나타났다가 사라지고를 반복한다. 산비탈에는 검은 그림자가 어른거린다.

찬바람 마주하며 완만한 길을 따라 올라간다. 곱게 피어 저마다 아름다움을 자랑하던 이름 모를 꽃들이며, 자신을 붉게 불태운 잎새들, 시들은 잡초들이 얼굴을 찌푸리고 하늘을 원망하고 있다.

산 중턱 잡초 사이에 낀 오동잎 하나가 바람에 날려가지 않으려고 버석버석 소리를 내며 힘들게 버티고 있다. 바람에 날려가든 제자리에 있든 흙으로 돌아가는 것은 마찬가지가 아닌가?

사람도, 바람도, 구름도, 나무도 자연의 순리를 거역할 수 없다. 그렇지만 사람은 자기만이 예외가 되기를 바란다. 얼토당토않은 허황된 생각이다.

가을이 되면 촌로의 마음에도 시름이 깊어지고 우울한 그림자가 짙게 드리운다. 딱히 서글픈 일이 있어서가 아니라 바람에 흩날리는 낙엽만 보고서도 괜스레 마음이 흔들린다.

산 중턱에서 가쁜 숨을 고른다. 마른 잎새 하나가 떨어지면서 내 야윈 영혼과 마주한다. 까닭 없이 눈물이 핑 돈다.

나이가 들수록 슬퍼도 눈물 흘리지 않고, 고통에 시달려도 얼굴 찡그리지 않고, 보고 싶어도 그립다는 말을 하지 않고, 근심 걱정 있어도 내색하지 않아야 한다.

해를 거듭할수록 삶의 추의 무게가 더해져서 감정에 흔들리지 말아야 하는데 떨어지는 잎새 하나 보고 마음을 주체하지 못하는 자신이 부끄럽다.

생각을 접고 정상을 향해 올라간다. 몸이 얼어붙는 느낌이다. 바람이 불고 추운 날씨를 이겨내기에는 힘이 부친다. 이것이 자연의 순리인데 촌로라 하여 어찌 인생의 겨울을 모른다고 하겠는가?

잠시 오르던 길을 멈추고 서쪽 하늘을 바라본다. 바람이 쉬었다 가기를 반복하고 있다. 해도 바람과 구름의 심술을 이기지 못하고 빛을 잃고 힘없이 서산을 향해가고 있다.

하늘도 구름으로 덮일 때가 있고 바람도 지나가다 쉴 때가 있다. 모두가 자연의 조화인데 오늘이라 하여 하늘이 맑고 바람도 잠잠하고, 따뜻하기를 바라는 것은 욕심이다.

바람을 피해 바위에 기대서서 멀리 있는 산골마을을 바라본다. 날씨가 추워서인지 집들이 더 작게 보이고 쓸쓸하게 느껴진다.

돌아서 산을 내려온다. 올라갈 때 요란을 떨던 오동나무 잎도 잘 버텨내어 자리를 지키고 있다. 늦은 오후가 되니 바람이 잦아든다.

차가운 바람도, 마른 잎도, 야윈 영혼도, 구름으로 덮인 하늘도, 흘린 눈물도 모두가 계절이 주는 선물이다. 저물어 가는 가을은 촌로의 마음을 더욱 쓸쓸하게 한다.

벼이삭 줍는 할머니

추수가 끝난 들판에는 볏짚만 여기저기 흩어져 있다. 예전 같으면 떨어진 벼이삭을 찾아 청둥오리, 까마귀들이 사방에서 모여들었다. 그러나 지금은 그런 광경을 보기가 어렵다.

살기 편한 곳을 찾아갔는지 개체수가 줄어서인지, 입맛이 고급이 되어서인지 알 수 없다. 들판에는 이놈들 대신 가방을 맨 할머니가 벼이삭을 줍고 있다. 농업이 기계화되면서 떨어지는 벼이삭이 더러 있다.

황량한 들판, 삶에 지친 할머니, 하늘이 내린 명줄 잡고 차가운 바람에 흐르는 눈물 옷깃으로 여미며 허리 굽혀 벼이삭 찾아 이리저리 살핀다. 바람도 측은히 여겨 숨죽이고 지나간다.

저 못난 까마귀 전깃줄에 앉아 못 본 채 졸고 있고, 철새도 고달픈 할머니 보지 않으려고 고개 돌리고 간다. 해님도 가던 길 멈추고 외로운 영혼 포근히 감싼다.

텅 빈 들판, 높은 하늘, 철새 울음소리, 이삭 줍는 할머니, 모두가 늦가을의 쓸쓸함을 더해준다. 살기가 팍팍하던 시절에는 벼이삭 하나도 버리지 않고 주워 모았지만 요즘은 그렇게 하는 농민은 없다. 인력이 없는 탓도 있지만 떨어진 벼이삭을 아까워하지도 않는다.

논두렁을 걸으며 할머니께 가방을 가득 채우는데 시간이 얼마나 걸리느냐고 묻는다. 네다섯 시간이면 된다고 하시고, 몇 번 주우면 쌀 한 말을 얻을 수 있다고 한다.

넉넉한 사람에게 쌀 한 가마니도 대수롭지 않지만 어려운 이들에게는 쌀 한 말도 큰 보탬이 될 것이다. 할머니의 삶에도 가을 들판처럼 따사로운 햇살이 내려주었으면 하는 마음 간절하다.

한참을 가다가 고개를 돌려 할머니가 있던 쪽을 바라본다. 다른 논으로 자리를 옮겨 연신 허리를 구부렸다 폈다가를 반복한다. 백 년도 살지 못하는 인생, 사람 따라 삶의 높낮이와 굴곡이 이렇게 심하다.

들판을 지나 문암산을 보며 걸음을 옮긴다. 점차 벌거벗어가고 있다. 머지않아 겨울이 찾아올 것이다, 올해는 얼마나 추울까? 좀 따뜻한 겨울을 지냈으면 하는 마음 간절하다. 그러나 이는 내 소망일 뿐 모두가 하늘에 달려 있지 않은가?

고개 돌려 들판을 보니 할머니도, 까마귀도 보이지 않고 볏짚만 여기저기 흩어져 있다. 철새들이 무리 지어 북으로 날아간다. 저들이 삶의 터전을 찾아가는데 내 마음이 왜 이리 허전할까?

목탁소리에 계곡은 침묵하고

고갯마루 나무들이 잎을 떨구고 야윈 몸으로 오가는 사람을 보고 있다. 여름 내내 당당하던 그 모습은 오간 데 없고 벌거벗은 채 움츠리고 있다. 바람이 스치고 지나니 얼마 남지 않은 잎들마저 날려 간다.

신마산자락, 백운암 옆 마당에 승용차 몇 대가 서있고 스님의 독경 소리가 들린다. 고요한 계곡에 울려 퍼지는 목탁 소리, 독경 소리에 놀라 나무도 바람도 숨을 죽이고 있다.

사십구재를 올리는지, 예수재를 올리는지 알 수 없다. 생전에 원하는 대로 부귀영화 누리며 살다가 죽어서도 좋은 곳 가기를 바라는 것을 나무랄 수는 없지만 욕심이 지나치지 않나 하는 생각이 든다.

이승에 머무는 동안 인간의 도리를 다하였으면 부처님의 법력을 빌리지 않아도 원하는 곳으로 갈 수 있을 텐데 욕심대로 살아 놓고 끝자락에 와서 부처님께 매달리는 모습은 참 이기적이다.

그러나 이를 어찌하랴, 모두가 엎질러진 물인데. 스님들의 지극정성과 불자들의 간절한 소망이 합쳐져 구천을 맴도는 영혼, 지옥에서 단련 받는 영혼들의 환생을 허락하시기를 바란다.

계곡은 깊은 침묵에 빠져있고 바람도 부처님의 노여움을 살까 하여 조용히 지나간다. 모두가 깊은 고요에 짓눌려 있다.

걷다 보니 어느덧 문화 유씨(柳氏) 집성묘지가 있는 골짜기 입구에 들어선다. 이곳은 앞면을 빼고는 삼면이 산으로 둘러싸여 있어 아늑하다.

뒷산이 높고 양쪽 계곡에 물이 흐르니 풍수지리에 문외한이 보기에도 영혼들이 쉬기에 좋은 곳이란 생각이 든다. 지관이 명당이라고 하여 이곳에 조상들의 유택을 마련한 모양이다.

또 가까운 곳에 사찰이 생겨 부처님의 은덕을 입을 기회가 있으니 금상첨화이다. 그러나 후손들 모두가 복을 누리고 있는지는 알 수 없다.

지금은 후손들이 두 파로 나누어져 재실을 따로 지어놓고 시제를 지내고 있다. 세상을 떠난 조상들의 은덕을 기리며 종친간의 문안인사와 덕담을 나누는 곳이 재실이라면 이를 합치면 어떨까? 떠난 사람은 말이 없으니 옳고 그름의 판단은 살아있는 자손들의 몫이다.

산에서 내려와 아직 햇볕이 쌓이는 길모퉁이에 앉는다. 기다리는 사람은 없어도 바람과 구름과 나무들이 벗이 되고 아름다운 황혼이 함께하니 좋다.

지친 다리를 쉬고 있으니 땅거미가 뒤따라와 그만 집으로 가라고 한다. 일어나 늙은이 특유의 갈지자걸음으로 집으로 향한다. 길목 대나무 숲에서 참새들의 울음소리가 요란하다. 하루를 배불리 먹고 무탈하게 보낸 것을 즐기고 있는 모양이다.

한 그루 나무로 살고파라

눈비, 찬바람 멈추니 창밖은 봄이 온 듯하다. 3월이 되니 수은주가 영하를 오르내리기는 하지만 조금씩 올라간다. 산골마을의 봄은 게으름 피우며 고양이 걸음으로 살금살금 기어서 온다.

4월이 되니 간간이 영하로 내려가는 날도 있지만 곳곳에서 봄이 오고 있음을 알린다. 우리 동내 봄은 늦게 와서 빨리 간다. 주위가 산으로 둘러싸여 있고 댐에서 피어오르는 물안개로 일조 시간이 짧아서이다.

봄은 매화가 피면서 시작된다. 뒤를 이어 개나리, 목련, 할미꽃, 복사꽃, 살구꽃, 벚꽃, 진달래, 사과, 배꽃 등이 만계하면서 봄이 무르익어간다. 그러다보면 산새들의 울음소리 줄어들고 아카시아 꽃이 피었다 지면 봄은 여름에게 자리를 물려주고 떠난다. 그러면 산새도 매미에게 숲을 물려주고는 입을 다문다.

벚꽃이 만개한 길을 따라가다가 과수원 반대쪽 언덕을 오른다. 바람에 날려 연분홍 꽃잎이 길 위를 덮고 있다. 길가 갓 핀 찔레꽃잎을 따서 입에 넣고 씹어보고 새순도 꺾어 먹는다. 향기와 달짝지근한 맛이 입안을 개운케 한다.

산에 오르니 야생 꽃들이 화사하게 피어있고, 진달래꽃도 아직 생기가 조금 남아있다. 어린 시절 산에 가서 진달래꽃 따 먹고, 솔 순도 꺾어 먹고, 송피도 벗겨 먹던 일이 생각나서 진달래

꽃잎을 따 먹는다.

약간 달싹하고 신맛이 나지만 입안이 상쾌하다. 지난해 자란 소나뭇가지 하나를 잡아당겨 솔잎을 훑어내고 입에 넣는다. 달고 은은한 솔향이 입안을 맴돈다.

세상은 변하여도 어린 시절의 추억은 쉬이 잊혀지지 않는가 보다. 산등성이 바위에 걸터앉아 눈을 감으니 적막감이 흐른다.

아무도 찾지 않는 높은 산, 깊은 계곡, 세월을 동행하며 살아가는 한 그루 나무로 살고파라. 계절 따라 피었다 떨어지는 꽃잎, 흘러가는 구름, 지나가는 바람, 산새와 벗하며 한 그루 나무로 살고파라. 찾아주는 이 없고, 기억해 주는 이 없어도 외로워하거나 서러워하지 않는 한 그루 나무로 살고파라.

계절 따라 모습을 바꿔가며 세월을 동행하는 너들과는 달리 나는 날이 갈수록 시들어지다가는 어느 날 떠난다. 참 너들의 모습을 보니 부럽다.

하늘을 쳐다보니 솜털 구름이 한가히 떠가고, 먼 산에는 야생 벚꽃이 피어 자신의 존재를 알리고 있다. 철쭉도 꽃망울을 매달고 있고, 산들바람도 자신이 지나가고 있음을 알려준다.

아카시아 꽃이 피기까지는 산은 이곳저곳에 연분홍 꽃들이 장식할 것이다. 그래서 봄 산은 언제나 엄마 품처럼 포근하고, 화려하게 차려입은 새색시처럼 청순하고 아름답다.

청산은 물속에서 잠자고

팔공산에서 발원한 물이 굽이굽이 돌아 긴 여정을 즐기며 길 따라 오다가 지치면 바위틈에 숨어 쉰다. 그러다가 뒷물이 밀려와 잠을 깨우면 일어나 다시 길을 재촉하여 공산댐에 도착한다. 긴 여정을 끝낸 물은 즐거움에 도취되어 빙글빙글 돌다가는 자리를 잡는다.

댐은 소규모이고 지묘동에 있는 관리사무소를 통해 들어가는 길 이외는 접근이 어렵다. 간간이 철조망 옆을 지나는 행인이 있지만 이들은 댐을 보러오는 사람이 아니라 등산객이거나 드물게 도성사로 참배 가는 불자이다.

관리인의 허락을 얻어 댐 안쪽으로 들어선다. 주변의 푸른 숲과 댐이 조화를 이루고 있어 주변경치가 수려하다. 푸른 산, 맑은 물이 한데 어울려 갈 곳 없는 나그네, 쉬어가라고 발목을 잡는다. 댐가 나무 그늘을 찾아 앉는다.

산새들의 재잘거리는 소리가 들린다. 짝을 만나 즐거운 모양이다. 그러나 사랑이 무르익어 보금자리를 찾아가면 푸른 숲을 매미에게 넘겨주겠지.

주인이 된 매미는 자기 세상을 만난 듯 노래하며 즐기다가 찬 이슬 내리고 찬바람 불면 자취를 감춘다. 그러면 산은 적막에 싸이고 한 해가 저문다. 댐 주변을 살핀다.

산새가 자장가를 부르고 산은 시원한 물을 이불 삼아 낮잠을 즐긴다. 구름은 물속을 미끄러져 흘러가고 산들바람 길 잃고 나무 끝에 매달리니 오월의 태양이 부드러운 손으로 어루만진다.

청둥오리 한 쌍 날아와 유유히 댐을 맴돌다 내려앉아, 사랑을 나누며 물 위를 헤엄치며 시간 가는 줄 모르고 즐기다가 해가 중천을 넘어서니 지향 없이 날아간다.

해는 쉬지 않고 움직이며 중천을 넘어서고 있다. 일어나 댐 밖으로 나와 도성사 가는 길로 접어든다. 중턱 쉼터 위쪽에 옛날 가난했던 시절 부모님을 업어다 놓았다는 고려장터 흔적이 남아있다.

얼마나 살기가 곤궁했으면 멀고 이 험한 산골에 부모님을 모셔다 놓고 갔을까? 그렇게 해야만 하는 자식의 마음은 얼마나 쓰리고 아팠으며, 홀로 남은 부모의 마음 또한 얼마나 슬프고 참담했을까? 암울했던 시대를 생각하면 마음이 쓰리다.

그 시절 부모는 자식들에게 어떤 존재였으며 오늘날은 어떻게 생각하고 있을까? 많은 세월이 흘렀지만 예나 지금이나 달라진 것은 별반 없다.

굳이 다르다면 장소가 깊고 외진 산골에서 요양병원으로, 수명 단축에서 연장으로 바뀐 것뿐이다. 임종을 기다리는 장소이기는 마찬가지이다.

소나무 숲을 지나 길을 재촉한다. 감태봉을 거쳐 전망대에 도착하여 대구시가지와 팔공산을 번갈아 보며 목을 축인다. 그리고는 다시 발길을 옮겨 구절송 쉼터를 지나 해맞이 봉으로 간다. 동쪽을 향해 해 뜨는 장면을 그려본다.

돌아서 체육시설이 있는 곳으로 길을 잡고 내려온다. 경사가 급한 내리막길이라 나이 든 사람이 걷기에는 불편하다.

산은 오늘도 푸르게 단장하고 맑은 하늘과 조화를 이루고 있다. 새들의 울음도 경쾌하다. 이놈들도 자연의 혜택을 마음 끝 누리고 있음이다.

지나온 길을 바라다보니 다시 오라고 손짓한다. 저수지 둑을 따라 오가는 사람도 보고, 수상 다이빙을 즐기는 사람도 본다.

나비 생태를 배우기 위해 엄마와 선생님 손을 잡고 아장아장 걷고 있는 어린이들 참 예쁘고 귀엽다. 공원은 지친 사람들을 위로해 주고, 활력을 증진시켜 주는 곳이다.

그래서 계절을 막론하고 언제나 많은 사람들이 이곳을 찾아와 시간을 보낸다.

나팔꽃 마디에 사랑이 맺히고

아침에 피었다가 저녁이면 시들어 떨어지는 꽃 하면 나팔꽃을 연상한다. 나팔꽃은 밤에 꽃봉오리가 터지기 시작하여, 아침이면 활짝 피고 해가 지면 오므리고, 어둠이 찾아들면 떨어진다. 그래서 하루살이 꽃이라 부른다.

지난해 담장 밖 공터에 나팔꽃을 심지도 않았는데 어디서 씨앗이 날아와 싹이 터 자라더니 꽃을 피웠다. 올해도 그 자리에 싹이 터서 조팝나무를 타고 올라간다. 아침에 보니 나팔 모양의 꽃이 마디마다 매달려있다.

아침이슬 머금고, 고운 자태를 뽐내고 있는 모습이 청초하고 아름답다. 나팔꽃의 꽃말은 '덧없는 사랑'이다. 이 꽃말은 '화공과 그의 아내'에 관한 애틋한 사랑의 전설에서 볼 수도 있다.

어느 고을 원님이 화공 아내의 미색을 탐하여, 수청을 들라고 하지만 이를 거절한다. 없는 죄를 만들어 옥에 가둔다. 화공은 아내가 그리워 눈물로 세월을 보내며, 그림 한 장을 그려 옥 창문 밑에 묻어둔다.

그리고는 아내가 옥에서 나오기만을 기다리다 병이 들어 죽는다. 아내는 밤이 되면 남편이 자기를 따라오라고 손짓하고, 따라가면 저만치 앞서가다 돌아서 다시 오라고 손짓하는 꿈을 꾼다.

매일 밤 꿈속에서 남편을 만나다가 어느 날 옥에서 남편을 따라간다. 그 후에 화공이 묻어둔 그림에서 싹이 돋아 담벼락을 타고 올라가면서 꽃을 피웠는데 그 꽃이 나팔꽃이란다.

나팔꽃이 줄을 따라 높이 오르는 것은 옥에 갇혀있는 아내를 보기 위함이요, 꽃이 나팔 모양을 한 것은 남편의 목소리를 아내가 들을 수 있도록 하기 위함이다.

사랑하는 임을 보기 위해 지칠 줄 모르고, 오늘도 더 높이, 더 힘차게 오르며 나팔 모양의 꽃을 피우고 있다. 아내가 얼마나 보고팠으면 마디마다 나팔을 달고 아내를 불렀을까?

늘 보는 꽃이지만 오늘따라 더욱 애잔하게 보인다. 부부간의 사랑이 바로 이런 것이 아닐까 싶다.

흔히 인생을 나팔꽃에 비유한다. 짧은 시간 피었다가 시들어 떨어지는 꽃과 어느 날 허무하게 세상을 떠나는 사람과 흡사하기 때문이 아닐까?

꽃이 하루를 피었다가 지면서 우리에게 전하고자 하는 메시지가 있다면 무엇일까? 부귀공명 모두 서산에 지는 해와 같으니 이를 애써 잡으려 하지 말고 짧은 인생 서로 사랑하며 행복하게 살아가라는 당부를 하지 않을까?

내일 아침은 오늘보다 더 일찍 일어나 너를 보러 오마 약속하고 집안으로 들어선다. 줄기에 매달려 바람에 하늘거리며 춤추는 꽃이 눈앞에 아른거린다.

한 시간도 내다보지 못하는 미련한 짐승

내동 안골 막장에 그물 모양의 비닐로 지붕을 덮은 양계장이 있다. 육계를 비롯하여 오골계 등 여러 종류의 닭들이 모여 있다. 계사 옆을 지날 때면 닭 울음소리가 요란하다.

오늘은 그냥 지나지 않고 양계장으로 가 안을 들여다본다. 나만 기웃거리는 것이 아니라 푸른 하늘도 틈새를 통해 엿보고 있다.

오늘 어찌 될지도 모르는 이놈들은 볕이 쬐이는 곳에서 흙을 뒤집어쓰며 목욕을 즐기고 있다. 계사 입구에 묶여있는 검둥이는 밤새 닭장을 지키느라 잠을 자지 못 했는지 눈을 지그시 내려 감고 졸고 있다. 눈가에는 곱이 끼어있다.

모이 줄 시간이 된 모양이다. 검은 슬리퍼를 신은 주인이 외발수레에 모이를 싣고 양계장 문을 열고 모이통 쪽으로 간다. 조용하던 양계장이 아수라장이 된다.

검둥이도 덩달아 일어나 게슴츠레한 눈으로 꼬리를 흔들며 주인을 힐끔 쳐다본다. 닭들은 성난 모습으로 허겁지겁 모이통 쪽으로 내달린다. 학습에 숙달된 이놈들은 모이를 실은 수레가 통에 닿기도 전에 성급하게 수레 위로 날아올라가 모이를 쪼아 먹는다. 쫓아도 막무가내다.

모이를 붓고 돌아서니 모이통에 주둥이를 박고 쳐들 줄을 모른다. 서로 밀고 밀리면서 먹으니 이내 모이통 바닥이 드러난다. 그렇게 먹어도 배가 차지 않은지 통 주변 흙을 발로 긁고 주둥이로 찍으며, 연신 고개를 숙였다 들었다 한다. 뭔가 입에 들어오는 것이 있을까 하여 두 발로 바닥을 긁고 연신 부리로 쪼아 보지만 입에 들어오는 것은 흙과 모래뿐이다.

갑자기 늠름한 풍채를 자랑이나 하듯 화려한 몸치장을 한 수탉 한 마리가 날개를 탁탁 치며 운다. 날개는 쳐도 자유가 없다는 것을 아는지 날아 볼 생각은 하지 않는다.

구석진 곳에서 암탉 한 마리가 꼬꼬댁하고 울면서 정적을 깨고 나온다. 아마 산고에서 벗어나 홀가분해서 우는지, 모이값을 했다고 자랑을 하는지 알 수 없다.

이놈은 모이를 먹지 못하였지만 자신이 한 일이 대견스러운 모양이다. 수탉이 한쪽 날개를 다리 쪽으로 내리며, 암탉 옆으로 가서 빙그레 돌며 구애를 한다.

해가 중천을 넘어서고 그늘이 내리기 시작하니 계사 안이 컴컴해진다. 그 때 상자를 실은 소형화물차가 양계장 앞으로 와서 멈춘다. 주인이 올가미가 달린 장대를 들고 계사 안으로 들어가 닭들을 선별하여 낚아채기 시작한다.

소리를 치며 발버둥 쳐보지만 주인의 매운 손을 피하지 못하고 잡혀서는 상자 안으로 던져진다. 이 시간에 죽을 줄 알았으면 죽기, 살기로 모이를 먹었을까?

세상 하직 날을 몰라 게걸스레 먹고 나니, 저승사자 문 앞에서 기다리네. 하루만 더 살게 해달라고 애원하지만 못 본 체하고 가자고 하네.

태어나 바깥세상 한번 보지 못하고, 집 안에서 먹이만 탐하며, 한 치 앞도 내다보지 못하는 미련한 이 몸, 저승길 가기 싫어 발버둥 쳐보지만 올가미 피할 길 없으니 이내 신세 처량하구나.

내 다시 독수리로 태어나 푸른 하늘 높이 날아 이곳저곳 구경하고 마음 껕 자유 누리며 밝은 세상 살다가, 천수를 누리고 왔던 길로 돌아가리라. 천지신명이여! 가련한 이놈 보살펴 주소서.

태어나 자유 한번 누리며 살아 보지 못하고 어둡고 비좁은 공간에서 짧은 생을 마감하는 것을 보니 기분이 씁쓸하다. 양계장을 뒤로하고 산을 향한다.

내 어린 시절 시골에 살던 닭들은 하루 종일 산으로, 밭으로, 떼를 지어 가고 싶은 곳을 가며 자유롭게 풀과 곡식, 벌레를 잡아 입맛대로 먹었다.

수탉이 가족을 이끌고 풀숲으로 들어가 먹이 사냥을 하여 암탉에게 양보하는 모양은 짐승이기는 하지만 보기에도 좋았다. 그 시절 닭들의 수명도 이삼년은 되었다.

그러나 지금은 방목하는 양계업자를 제외하고는 자유를 만끽하며 자연에 동화되어 살아가는 닭들은 없다. 이는 비단 닭들만이 아니라 대부분의 가축들이 자유를 박탈당하고 울타리 안에서나 상자 안에서 살다가 수명을 다한다.

세월이 흐르고, 세상이 변하고, 경쟁이 사회를 지배하다 보니 가축의 세계에도 변화의 물결이 찾아온 것이다. 예나 지금이나 변하지 않은 것은 그놈들의 울음소리뿐이다.

허리에 손을 대고 하늘을 쳐다본다. 오늘따라 구름이 느릿느릿 여유를 부리며 간다.

밀어주는 바람이 없으니 빨리 가고 싶어도 가지 못하는 것 같다. 알지 못하는 압박감에 시달리며 살다 보니 여유부리며 자기 길을 가는 구름이 부럽다.

촌로들의 겨울하루

한적한 산골마을에 겨울이 찾아오면 낮이나 밤이나 오가는 사람이 없고 조용하다 못해 적막하다. 할머니들도 경로당에 가지 않고 방 아랫목에 앉았다, 뉘었다가하며 하루종일 집에서 보낸다. 방 위쪽에는 TV가 밤낮을 가리지 않고 혼자서 웃고 노래하며 즐긴다.

죽음의 그림자를 옆에 두고 보내는 촌로들의 겨울 하루는 숨 쉬고, 먹는 것 빼고는 하는 일이 없다. 죽음을 미리 맛보는 것이나 다름없다.

하루를 더 사는 것이 무슨 의미가 있는지, 그래도 이승에 대한 애착이 남아있어서인지, 모진 목숨 어쩌지 못해서인지 겨울 하루를 힘들게 보낸다.

집안에서 미적거리며 보내기 싫어 집을 나선다. 하늘을 쳐다보니, 구름이 바삐 남으로 날아가고, 산비탈에는 음지, 양지가 앞서거니 뒤서거니 한다. 촘촘한 옷 어디로 찬바람이 들어오는지 모르겠다.

몸이 추위를 이겨내는데 힘들어한다. 기다리는 사람도 없는데 하루같이 매일 산을 찾는지 모르겠다. 하루 일과로 여기기 때문인지, 게으름피우는 것이 싫어서인지 분간이 안 된다.

시골에서 태어나 산이라면 높고 낮은 것 가리지 않고 무거운 짐을 지고도 잘도 오르내렸는데 지금은 맨몸으로 오르는 데도 힘에 부친다. 정상에 올라 바위에 기대어 사방을 둘러본다. 헐벗고 야윈 나무, 무표정한 바위, 무심히 지나는 바람, 정처 없이 떠가는 구름, 서산에서 머뭇거리는 해가 전부다.

싸늘한 바람 잠든 영혼 깨우니, 굽은 허리, 이마에 손 얹고 서쪽 하늘 바라본다. 눈썹 같은 초승달 산마루에 걸려있고, 헐벗은 늙은 산, 붉은 노을에 짓눌려 힘들어한다.

벌거벗고, 메마른 비탈, 산새마저 떠나고 없는 적막한 곳, 벌거벗은 외로운 너럭바위 추위에 떨고 있네. 누가 너를 두고 청산이라 하였든가, 하늘만 쳐다보는 네 모습과 석양에 홀로 서있는 내 모습이 처량하고 쓸쓸하기는 마찬가지로구나.

영마루 넘어가는 저 구름은 먹지 않아도 잘도 가는데 이 몸은 어이하여 먹어도 잘 걷지도 못하는가, 하고 비틀거리며 중얼거린다. 구름이 이따금씩 햇빛을 가리고 찬바람이 지나면서 옷 속으로 스며드니 춥다.

얼마를 더 살아야 삶의 이치를 깨달을 수 있을까? 세월이 가면 사람은 늙어가는 것이 아니라 조금씩 익어간다고 하는데 이 몸은 아직 털도 벗지 못한 애 복숭 그대로다. 촌로의 겨울 하루는 산과 나무, 바람, 구름, 추위와 함께 지나간다.

나이는 어쩔 수 없구나

오늘은 어디로 갈까 하고 망설인다. 아무리 머리를 굴려도 갈 곳은 산밖에 없다. 망설이는 자신이 우습기만 하다.

하늘은 구름 한 점 없이 활짝 열려 있다. 옷을 챙겨 입고 귀까지 덮이는 모자를 내려쓰고는 집을 나선다. 계절의 끝자락에 있는 겨울은 존재라도 과시하듯 찬바람을 몰고 와 매정하게 얼굴을 때리며 지나간다.

공산 댐 우측 산으로 향한다. 경사가 급한 산길 따라 마른 풀과 앙상한 관목을 잡으며 이리저리 돌아가며 올라간다. 돌부리에 걸려 넘어졌다가 일어나기도 하고 가시에 찔리기도 한다.

길이 험해서인가, 나이 탓인가 하고 중얼거린다. 아마도 나이 탓이 아니겠는가? 중턱에 앉아 숨을 돌리며 하늘을 우러러 청을 한다.

전능하신 하느님!
오늘도 산을 오르도록 힘을 주시고,
포기하지 않고 계속 오르도록 인내를 주심에 감사드립니다.

제가 오르는 이 산길이 평탄하기만을 바라지 않습니다.
장애물이 있으면 이를 넘도록 용기를 주시고, 넘어지면 다시 일어나 정상에 오르도록 힘을 주소서.

일어나 다시 한동안 올라갔는데도 제자리에서 맴도는 느낌이다. 한 치 앞도 내다보지 못하는 늙은이 참으로 한심하다.

오르기 편한 산이 주위에 수없이 많은데 하필이면 경사가 심하고 험한 산을 골라 오르는지 모르겠다. 그렇다고 경관이 특별히 좋은 산도 아니지 않는가?

백발이 된지도 한참이나 되었는데 젊었을 때만 생각하고 행동하는 자신이 무모하고 황당하기 짝이 없다. 후회한들 무슨 소용 있나, 엎질러진 물인데 하고는 허탈하게 웃는다.

정상을 넘어 경주최씨, 달성서씨, 인천채씨 집성묘지가 있는 남쪽으로 내려온다. 묘들을 보니 마치 평수가 다른 여러 동이 함께 서있는 아파트단지를 보는 것 같다.

생전에도 가난의 멍에를 벗어나지 못해 작은 공간에서 답답하게 살았는데 죽어서도 비좁은 곳에서 쉬고 있으니 빈부의 차이는 이 세상에서나 저 세상에서나 마찬가지가 아닌가? 그래도 좁은 공간이지만 차가운 벽 속에 있는 것보다는 낫지 않은가? 이를 위안으로 삼으시기를 바란다, 하고는 웃는다.

바람은 여전히 멈출 기미를 보이지 않는다. 오늘은 이렇게 보내라는 하늘의 뜻인가 보다. 조심하여 한발 한발 옮긴다.

자벌레도 하룻밤을 쉬지 않고 가면 천 리를 간다는 속담이 있다. 아무리 느린 걸음으로 걸어도 해가 지기 전까지는 집에 도착할 수 있을 것이다.

발은 낙엽 속으로 빠져들고

늦가을 바람에 익숙하지 않아서인지 몸이 오싹하다. 나가라고 등을 미는 사람은 없지만 그래도 집에 있기에는 마음이 편치 않다. 이제는 자존심도 내려놓아야 하는데 그래도 실업자라는 말은 듣기가 싫은가 보다.

집을 나서 무작정 버스에 올라 봉무동에서 환승하여 파계사 터미널에 도착한다. 몇 안 되는 승객들이 내려서 저마다 정해진 곳을 향해간다.

혼자 남아 어디로 갈까 망설이다가 파계사로 향한다. 사찰까지 거리는 얼마 되지 않지만 길이 가파르다. 파계못 가에 서서 물을 내려다보며 호흡을 조절한다. 다시 걸음을 옮겨 파계사에 다다른다.

파계사는 사찰 주변 계곡을 쥐고 있다 하여 붙여진 이름이라 한다. 이름에 걸맞게 주변 계곡이 하나로 합쳐지는 지점에 자리잡고 있다.

본 절을 지나 성전암에 이르러 잠깐 쉰다. 이 암자는 한때 자칭 불교, 기독교, 유교 교리에 정통했다는 스님이 강론을 하던 곳이다. 그때는 불자를 비롯하여 타종교 신자, 일반인 등이 스님의 강론을 듣기 위해 찾아왔다.

그러나 스님이 득병한 후 사람들의 발길은 끊어지고 지금은 한적한 암자의 모습으로 되돌아왔다. 한참을 쉬고 일어나 등성이 따라 내려와 파계잿마루를 향해 올라간다. 가을은 깊어져 겨울 접경까지 왔다. 고개 중턱에 앉아 주변을 살핀다.

배부르다 투정하며, 맛있는 것만 골라 먹던 산새도 주린 배를 움켜쥐고, 앙상한 나뭇가지에 앉아 춥고 긴 겨울날을 어찌 지낼까 걱정하며 처량하게 운다.

발은 낙엽 속으로 빠져들고, 부스럭 소리에 잠자던 영혼이 놀라 깬다. 계곡물도 지쳐 돌 틈에 숨어 쉬고, 인적이 끊긴 허허한 산중에 찬바람만 스치며 지나간다.

고요가 산을 감싸고, 구름도 힘겨워, 영마루를 넘지 못하고 산허리를 안고 돈다. 나무도 헐벗은 채 바람에 시달리고 아직 떠나지 못한 잎새들이 가지에 매달려 울고 있다.

아무도 기다리는 사람이 없는 잿마루정상에 이른다. 간간이 보이던 산까치도 먹이를 찾아갔는지, 찬바람 피해 둥지로 숨었는지, 보이지 않는다. 변함없이 자리를 지키고 있는 소나무와 바위가 편히 쉬다 가라고 한다.

한동안 보지 못하였는데 잘 있었는가 하고, 말을 건네고는 자리를 잡고 눈을 감는다. 더듬어 보면 걱정 많은 한 세상, 마음 졸이며 살다 보니 어느덧 끝자락까지 왔다.

일을 그만둔 지 5년이 흐른 지금 텅 빈 마음이 시들어 말라가는 잡초와 같다. 저 멀리 떠나버린 세월을 두고 어찌 덧없다 하지 않을 수 있겠는가?

긴 세월 오가는 사람들의 쉼터가 되어주고, 말없이 벗이 되어주고, 추억 하나 만들어주는 잿마루에 감사하다는 말을 건네고는 파계사로 향해 내려온다.

사찰에는 불공을 드리러 온 사람들과 관광객이 어울려 붐빈다. 다른 종교시설은 의식이 없으면 인적이 끊기는데 사찰은 산골에 있어도 신자, 비신자 불문하고 사람이 끊이지 않는다.

대웅전 왼쪽 문에는 참배를 마치고 가는 사람들이 눈에 들어온다. 발걸음이 가벼워 보인다. 대웅전 오른쪽에는 참배 순서를 기다리는 불자들이 서성이고 있다. 소망을 빌고 돌아서는 발걸음이 활기차기를 바란다.

참깨 한 알을 탐하다 잡힌 비둘기

4월 말경에 텃밭에 참깨 씨를 뿌렸다. 같이 농사를 짓는 사람들이 너무 이르다고 말들을 한다. 그들이 알고 있는 파종 시기는 감꽃이 피었다가 떨어지는 5월 중순이다.

작물의 파종기는 대략 예정되어 있기는 하지만 딱히 그 시기에 씨를 뿌려야 하는 것은 아니다. 날씨에 따라 달라질 수 있다. 이들의 말을 듣지 않고 씨를 뿌렸더니 싹이 트고 자라기 시작한다.

6월이 되니 꽃이 피고 열매를 맺고 7월 말이 되니 열매가 익어 터지기 시작한다. 이때가 되면 비둘기란 놈들이 떨어진 깨알을 주워 먹기 위해 매일 밭으로 출근을 한다. 농작물에 직접 피해를 주지는 않지만 이놈들이 지나면서 대를 흔들면 깨알이 쏟아진다.

8월이 되니 수확을 할 때가 되었다. 결실이 된 것부터 베어다 비닐하우스로 옮긴다. 추수가 끝나면 비둘기들이 다른 곳으로 갈 것으로 보고 관심을 두지 않았다.

그런데 이놈들이 어떻게 알고 오는지 심심찮게 하우스를 들락거린다. 문이 열려 있으니 주인이 보지 않는 틈을 타 안으로 들어와서는 깨알을 축낸다.

욕심이 지나치다 싶어 하우스 안으로 들어가 문을 닫으니 놀라서 이리저리 날다가 비닐 천정에 부딪혀 바닥에 떨어진다. 한 놈을 잡아 만져보니 살이 쪄서 토실토실하다.

깨알 하나 탐하다가 다시 잡히는 날에는 하나뿐인 생명은 끝이 난다. 다시는 욕심내어 들어오지 말고 저 숲으로 가서 먹이를 찾으며 평화롭게 살라고 당부하고는 날려 보낸다.

하우스를 나오며 어린 시절 읽었던 비둘기 우화를 생각한다.

봄이 되어 집비둘기와 산비둘기가 숲에서 만나 서로 자랑을 늘어놓는다. 먼저 집비둘기란 놈이 난 주인이 주는 먹이를 먹고, 만들어준 집에서 편안하게 산다고 자랑을 한다.

그러자 산비둘기가 너보다는 내가 더 행복하다고 한다. 이 넓은 숲이 모두 내 집이요, 내가 먹고 싶은 대로 맛있는 것을 골라 먹고, 주인의 눈치를 살피지 않고 자유롭게 산다고 자랑한다.

집비둘기가 들어보니 매일 주인의 눈치를 살피며, 같은 먹이를 먹고, 작은 집에서 답답하게 사는 것보다는 자유롭게 사는 산비둘기의 처지가 자기보다 낫다고 부러워한다.

이렇게 자랑하며 놀다가 날이 저물면 집비둘기는 주인의 미움을 살까하여 급히 집으로 돌아간다. 어느덧 여름, 가을이 지나고 겨울이 찾아왔다.

날씨가 추워지고 추수가 끝나고, 먹을 것이 없어지자 산비둘기는 집비둘기의 생활이 부러워진다. 그러던 어느 날 산비둘기가 겨울동안 집비둘기 집에 가서 살다가 봄이 되면 다시 산으로 돌아올 생각을 한다.

날이 저물자 산비둘기란 놈이 슬그머니 집비둘기를 따라간다. 불행하게도 그날 저녁에 주인이 비둘기 점호를 한다. 숫자가 한 마리가 더 많다. 주인은 다음날 아침상에 비둘기 한 마리를 잘 구워 올려놓는다.

한 계절을 편안하게 지내려고 잔꾀를 부렸던 산비둘기는 이렇게 잡혀 비참하게 최후를 맞이하였다. 기회주의적 삶은 일시적으로는 도움이 될지 몰라도 언젠가는 큰 화를 불러온다.

요행은 노력을 이길 수 없기 때문이다. 남들이 보기에 좀 우직해 보이지만 한 우물을 파면 가뭄이 들어도 물 걱정은 하지 않아도 된다. 이것이 정도이다.

기회를 엿보며 하는 행동은 실수가 아니라 고의이다. 이는 아무리 변명하여도 용서받기 힘든 행동이다.

들국화 송이에 그리움이 맺히고

서늘한 바람이 계곡을 따라 내려온다. 무더위로 숨도 제대로 쉬지 못하게 하던 여름도 눈치를 보며 자취를 감추고 그 뒤를 이은 가을도 어느새 겨울에게 자리를 넘겨주려고 서두르고 있다.

그래도 한낮에는 열기가 조금 남아있어 추울 정도는 아니다. 오늘도 평소대로 산으로 향한다. 시들고 마른 잡초들이 넋 잃고 멍하니 하늘을 쳐다보고 있다.

길 잃은 낙엽들이 바람을 피해 잡초 사이로 숨어든다. 잡초는 이를 감싸 안는다. 공생의 섭리를 따르고 있음이다.

아직 매달려있는 잎들도 지난밤 차가운 바람과 서리에 잠을 설쳤는지 까칠하다. 가야 할 길을 가지 못하고 생기를 잃고 힘들어한다.

시들고 마른 나뭇잎에 내 모습을 포개어본다. 처량하게 보이기는 마찬가지다. 알 수 없는 웃음이 나온다. 즐거워서 웃는 것이 아니라 헛웃음이다.

산길 옆 군락을 이루고 활짝 피어있는 들국화 옆에 자리를 잡고 앉는다. 맑고, 짙은 향기가 은은하게 주변을 맴돈다. 어린 시절 내가 살던 시골 냇가 제방에 가을이 오면 들국화와 구절초가 어우러져 피었다.

지나는 사람들에게 아름다운 자태를 뽐내보지만 무심한 길손들은 눈길 한번 주지 않고 지나간다. 먹고 살기에 바쁜 농부들은 그저 흔해 빠진 잡초로 치부하였다.

그러나 그 시절 순진무구한 소년의 눈에는 아름답고 청순한 꽃으로 보였다. 학교에서 집으로 오는 길, 냇가 둑에 책가방을 내려놓고 누렇게 시들은 풀밭에 앉아 꽃과 허공을 번갈아 보며 태어나 한 번도 가보지 못한 도시를 그려보곤 하였다.

그러다 보면 어느덧 산 그림자가 슬그머니 옆에 와서 앉는다. 집으로 가라는 신호이다. 집에 가도 너 이제 오느냐, 하고 반기는 사람도 없지만 해가 자취를 감추려고 하니 어쩔 수 없이 집으로 발길을 돌린다.

오늘 들국화 옆에 앉으니 60년도 더 지난 그 옛날 고교시절 선생님 눈을 피해 읽었던 소설 '산유화'가 떠오른다. 산유화는 50년대 정비석 선생께서 시대를 앞서 스승과 제자 간의 사랑을 그린 소설로 '여원'이란 잡지에 연재되었다.

그 후 영화로 제작되어 많은 사람들의 심금을 울렸다. 이 영화의 주제곡이 주인공의 이름을 딴 '여옥의 노래'이다. 이 노래는 6.25 전쟁이 끝난 지 얼마 되지 않은 50년대 중반에 유행하였다.

전쟁이 할퀴고 지나간 상처를 안고 살아가는 사람들, 새로운 문화에 눈을 뜨기 시작한 젊은이들의 애창곡이었다. 그때를 회상하며 한 소절을 불러본다.

"불러도 대답 없는 임의 모습 찾아서, 외로이 가는 길에 낙엽이 날립니다. 들국화 송이송이 그리운 마음 바람은 말없구나. 어드메 계시온지 …… 이 마음 그리움을 내 어이 전하리까."

노래가 끝나니 나도 모르게 그 시절의 향수, 쌓인 세월이 눈물 되어 가슴을 타고 내린다. 이제 80을 넘었으니 지난날은 잊을 법도 한데 아직도 잊지 못함은 천성 때문인가, 누더기 같은 인생 때문인가?

지난 일을 자주 떠올리면 치매증세가 있다고 하던데 내게도 그런 증세가 있는 것이 아닌가? 아니다. 도시에서 태어나 어려움 없이 학업을 마치고 원하는 일터를 찾아 살아 보지 못한 아쉬움이 남아서이다.

이는 나만의 한이 아니라 그 시대를 살아온 산골 소년들의 공통된 것이다. 그래도 80을 넘게 살았으니 이것으로 위안을 삼아야지 하고는 웃는다.

바람에 흔들리는 들국화를 뒤로하고 산을 오르며 바람더러 너는 어디서 오느냐고 묻는다. 귓전을 스치고 지나면서 자기도 모른다고 한다. 정상으로 오를수록 가을이 깊어가고 있다.

가을은 해마다 맞이하지만 추억이 깃든 가을은 더 아름답다. 내년에도 가을을 맞이한다면 느낌은 어떨까?

세월 따라 동네 모습도 바뀌고

자연부락으로 이사를 온 지가 엊그제 같은데 벌써 15년이란 세월이 지나갔다. 세월은 돌아보는 일 없이 앞으로만 가니 어느덧 강산이 변하는 시간이 흐른 것이다.

처음 이곳으로 이사를 왔을 때는 여기저기 빈집이 있는 보잘것없는 채씨 집성마을이었는데 지금은 변화를 거듭하다 보니 옛 모습이 희미해져 가고 있다. 변화는 세월 따라 일어나는 영원한 진행형이다. 그러니 인간의 힘으로는 막을 수 없다.

오늘은 동네 벼 수매하는 날이다. 불과 몇 년 전만 해도 이때가 되면 도로변에 벼 가마니를 산더미 같이 쌓아놓고 불을 쬐며 수매차량이 오기를 기다렸다.

그러나 오늘은 몇 사람이 벼 수십 가마니를 갖다놓고 타다 남은 모닥불을 쬐며 수매 검사원이 오기를 기다린다. 벼농사를 하던 사람들이 세상을 떠나고 없으니 농가가 줄어든 탓이다.

이마저도 언제 사라질지 모른다. 대신 미나리가 대체작물로 자리를 잡아가고 있다. 봄이면 미나리를 찾는 사람들이 줄을 서고 돼지고기 굽는 냄새가 바람 따라 들판을 휘젓는다.

동네 주변에 바둑판처럼 늘어서 주인을 기다리던 텃밭도 세월을 이기지 못하고 쇠락의 길로 접어들었다. 텅 빈 들판에 '주말농장'이란 팻말만이 허수아비처럼 잡초 틈에 쓸쓸하게 서있다.

집집마다 먹이던 개가 줄어드니 골목을 누비며 개 삽니다 하고 외치던 개장수의 구성진 목소리도 들리지 않는다. 간혹 남아있는 개들도 사납게 짖던 모습은 오간 데 없고 낯선 사람을 보고도 꼬리만 살랑살랑 흔든다.

어린이가 없으니 노란 스쿨버스도 오지 않는다. 추석, 설 명절을 제외하고는 젊은 새댁도, 어린아이도 볼 수 없다. 드물게 외지에서 이사 오는 사람도 직장에서 정년을 하신 분들이다.

그러다 보니 통장도 60이 넘은 사람이 맡고, 부녀회장도 할머니이다. 날이 갈수록 마을은 활기를 잃어가고 있다. 늙음은 피할 수 없고 예방도 할 수도 없다.

앞으로 이 마을에 어떤 변화가 진행될까? 해마다 낯익은 얼굴이 사라지고 대신 전원생활을 꿈꾸는 낯설은 사람들이 찾아와 마을의 면모를 바꿔 갈 것이다.

그러면 몇백 년에 걸쳐 외지인을 배척하며 터줏대감 노릇을 하던 인천채씨 집성촌도 허망하게 무너지지 않을까? 낡은 기와집, 스레트 지붕을 한 집들이 자취를 감추고 그 자리에 아담한 주택이 들어서서 아름답다는 미대마을을 새롭게 만들어 갈 것이다.

여봉산 기슭 3.1 독립운동 마을, 처음 정착한 인천채씨. 영천이씨, 경주최씨 집성 마을도 기념비만 남기고 역사의 뒤안길로 사라지고, 전설로만 전해져 내려갈 것이다. 변화는 멈추는 일이 없으니 인간의 힘으로 어쩔 수 없지 않은가?

Ⅱ. 인생은 한순간 지나가는 바람이더라

꿈속에서 살다간 여인들

20대에 서울에서 공직생활을 할 때는 먹고사는 데 쫓기다 보니, 왕조문화유산 가운데, 경복궁 외에는 가본 곳이 없다. 그곳도 지인의 도움으로 둘러본 것이 전부이다.

지금은 직장에서 물러나 한적한 시골에 살고 있다. 모처럼 서울에 왔다가 시간이 남아 고궁 한 곳을 둘러보기로 한다.

꼭 봐야 할 곳이 있어서가 아니라 기차를 타야 할 시간이 남아서이다. 택시에 올라 기사분에게 서울역에서 가장 가까운 고궁으로 가달라고 청한다.

얼마 가지 않아 차를 세우며 여기가 창경궁이라고 한다. 차에서 내려 지인과 함께 고궁 안으로 들어선다.

초여름 후덥지근한 날씨에 궁궐 안 이곳저곳을 살피다 보니 몸이 쉬어가자고 한다. 비빈들이 거처하였다는 건물 마루에 앉아 안내판을 본다.

혜경궁홍씨를 비롯하여 역사에 등장하는 몇몇 비빈들이 이곳에서 생활하였다고 기록되어 있다. 눈을 감고 그들이 살던 모습을 그려본다.

타고난 운명인가, 박복한 팔자인가, 간택이란 사슬에 묶여, 구중궁궐 담장에 갇혀, 권력의 어두운 그늘에서, 임만을 바라보다 속절없이 시들어간 여인들이여!

화창한 봄날 꽃잎 지는 소리, 무더운 여름밤 풀벌레 우는 소리, 가을밤 떨어지는 잎 새 소리, 동지섣달 긴 밤 지나는 바람 소리, 뜬눈으로 임만을 기다리던 여인들이여!

세월에 밀려 주름이 늘어난 것을, 곱던 내 얼굴 어디 갔나, 탄식하며, 연지분 듬뿍 찍어 발라 보지만, 모두가 부질없는 짓임을 알고는 쓰린 가슴 달래며 잠 못 이루던 여인들이여!

쌓인 한 처마 끝에 매달고 그리움 쌓여 병이 되어도, 임 계신 구중궁궐 바라보며 얽히고설킨 사랑의 매듭 풀어지기를 천지신명께 빌고 또 빌던 여인들이여!

사랑도 미움도 한순간, 지나가는 바람인 것을 내 어찌 이리도 몰랐던가, 누구도 세월을 비켜 갈 수 없는 것을, 눈 감고 인생허무 네 글자 뱉으며, 한 많은 세월 눈물로 살다간 여인들이여!

내 팔자 어찌 이리 박복한가, 신세타령 하던 여인의 넋이 오늘도 구중궁궐 허공을 맴돌고 있는 것 같다. 이제 일인지하 만인지상 그늘에 묻혀 누렸던 짧은 영화 모두 잊고 못다 이룬 사랑의 한도 내려놓고, 긴 잠에서 깨어나 높은 담장 훌쩍 뛰어넘어, 꿈속에 그리던 님 찾아가기를 빈다.

일어나 다른 곳으로 옮겨간다. 오후가 되니 매미들의 요란한 울음소리가 숲을 뒤흔든다.

저토록 울고 또 우는 것은 머지않아 떠나야 하는 자신들의 처지를 한탄해서인지, 가슴 속 깊이 쌓인 여인들의 한을 대신 토해내는 것인지, 가늠키 어렵다.

한 많은 여인들이 눈을 감으며 무슨 말을 남겼을까? 다시 태어나면 평범한 아녀자로 사랑하는 사람 곁에서 행복하게 살아가기를 당부하지 않았을까?

'사람의 한 생애는 하늘이 마련해 놓은 것이거늘 몸부림친다고 하여 되는 것이 아니다'라는 소리가 저 높은 곳에서 들려오는 것 같다.

산자락 베개 삼아 잠든 영혼들

산비탈에는 엊그제 내린 눈이 녹지 않은 곳이 더러 있다. 잠시 가던 길 멈추고 주변을 살펴보니 앙상한 잡초와 듬성듬성 서있는 소나무가 전부다.

겨울이 한가운데 머물고 있으니 차가운 바람이 나무를 몰아친다. 그때마다 활처럼 휘어졌다가는 잠잠해지면 다시 제자리로 돌아오기를 반복한다.

산등성 여기저기 세상을 떠난 분들이 산자락 베개 삼아 깊은 잠에 빠져있다. 추운 겨울밤 영혼들이 내뿜는 열기 탓인지, 생전에 못다 이룬 한이 남아서인지, 비바람 막아주는 명당이기 때문인지 알 수 없지만 눈이 녹고 없다.

망자들의 영혼을 지키며 세월을 따라가는 묘비와 도래솔도 찬바람에 움츠리고 있다. 잠시 멈추고 묘비를 읽는다.

가문마다 격식이 다르고, 글자 수에 따라 제작비가 다르다 보니 각양각색이다. 여봉산 기슭 독립만세사건으로 옥고를 치르고 이곳에 잠들어 있는 애국지사의 묘비 앞에 선다. 애국지사 채 아무개 이름 석 자 뿐이다.

부귀도, 영화도 세월 앞에서는 한순간 지나가는 구름이지만 '애국지사'라는 네 글자는 만고에 빛날 것이다. 독립운동을 하시며 겪었던 지난날의 고통 모두 잊으시고 하느님의 자비로 평화의 안식을 누리시기를 빌며 지난다.

문득 어느 분이 세상을 하직하면서 자식들에게 남겼다는 말을 떠올린다.

'내가 죽거든 명당 찾아 이산 저산 헤매지 말고, 살기 힘들다 하여 나를 따라올 생각을 하지 마라.'

망자를 편안히 모시고 후손들의 영화를 꿈꾸며 명당 찾아다닐 자식들에게 명당은 망자와 인연이 닿아야 하니 헛고생하지 말고 너들이 오기 편한 곳에 유택을 마련하라 하신 말씀, 평소 죽고 싶다, 죽으면 그만이지 하는 말을 입에 달고 사는 자식에게 딴 마음 먹지 말라는 당부는 참 지혜롭다.

살아서는 가지 못하는 그곳을 때가 되면 가야 하는데 미리 서둘러 갈 필요 없지 않은가? 갑자기 마른 억새 숲에서 장끼 한 마리가 적막을 깨고 날아간다.

적막한 산속에서 나 때문에 너도 놀랐겠지만, 나도 놀랐다. 중턱을 넘어서니 바람이 더욱 세차게 불고 마음은 허허하다.

그만 돌아서 내려올까 하다가 다시 오른다. 자주 찾는 산이지만 오늘 내가 오르지 않으면 내일은 어떻게 될지 모른다는 생각이 나를 정상으로 끌고 간다.

산 정상 바위에 기대어 서쪽 하늘을 바라본다. 추운 날씨지만 노을은 변함없이 아름답게 물들어 하루의 끝을 알리고 있다.

인생은 한순간 지나가는 바람이더라

계절의 변화를 따라가는 저 잎새도 못다 이룬 한이 남아서인지 떠나지 못하고 애써 가지에 매달려 있다. 계곡 따라 걷다 보니 계절에 지친 잔디가 누렇게 시들어 있다.

잔디 위에 팔베개를 베고 누워 유리알 같은 푸른 하늘을 쳐다본다. 의지할 곳 없는 외로운 구름은 하늘 가운데서 동으로 갈까, 서로 갈까 방향을 정하지 못하고 망설이고 있다.

순간 알 수 없는 그리움이 마음을 스친다. 금세 눈가에 이슬이 맺힌다. 지난날 못다한 빛바랜 사연이 남아서일까? 기다림도, 그리움도, 모두 사랑이라 하지 않던가? 내게도 아직 못다 한 사랑, 그리움이 남아있는 모양이다.

가을은 어김없이 적막한 산골까지 찾아왔다. 계절은 기억상실에도 걸리지 않는 모양이다. 쉬지 않고 오다 보면 지쳐서 늦기도 하고, 게으름 피우다 보면 때를 놓칠 만도 하다. 그러나 때맞춰 어김없이 찾아오는 계절이 참 신기하다. 하늘이 하는 일을 우둔한 인간이 어찌 알겠는가?

오늘도 허공을 날아가는 세월을 잡아 보려고 애를 쓴다. 지난해 초가을에 피어 바람에 하늘거리던 구절초가 올해에는 늦게 피었다.

누구를 기다리다 이렇게 늦었는가, 혹시 나를 기다린 것은 아닌가, 하고 묻는다. 말없이 아니라고 몸만 가볍게 흔든다.

산 중턱에 서서 사방을 살핀다. 평생을 헐떡이며 위만 쳐다보고 오르려고 애썼지만 끝내는 한 발짝도 오르지 못한 채 제자리에서 날이 저물고 있다.

이제는 더 이상 올라가야 할 힘도, 시간도 없고 또 그렇게 해야 할 이유도, 필요도 없다. 아무 보탬이 되지 않는 지난날들을 곱씹어 본다. 생각나는 사연이야 많지만 지금 와서 보면 모두가 한순간 지나간 바람과 같다.

당신이란 사람 만나 평생을 하루같이 이 세상 끝까지 함께 가자고 한 맹세도, 같은 날 떠나자고 한 언약도, 이제와 보니 모두가 한순간 지나가는 바람이더라.

권력, 부, 명예를 좇아다니던 지난날도. 젊은 날 그려보던 화려한 무지개도, 가슴 벅찬 기쁨에 흘린 눈물도, 세상 번뇌, 즐거움 이제 와 보니 모두가 한순간 지나가는 바람이더라.

가슴 뭉클하게 하던 귓속말도, 마음 설레게 한 기다림도, 서산에 지는 노을처럼 붉게 물든 그리움도, 모두 어디로 가고 흔적조차 없구나. 모두가 한순간 지나간 바람이더라.

반갑게 맞이해 주던 꽃도, 푸름을 자랑하던 잎새도, 짧은 생을 한탄하며 슬피 울던 매미도, 오색으로 물든 단풍도, 풍성함을 자랑하던 열매도, 모두가 한순간 지나간 바람이더라.

정상에 이르러 사방을 살펴보니 며칠 전과는 확연하게 달라졌다. 기세등등하던 활엽수도 계절에 밀려 왕자의 자리를 소나무에게 양보하고 있다.

소나무 등걸을 만지며 비바람 몰아치고, 추운 겨울이 찾아와도 변함없는 모습으로 이 자리를 지키라고 당부하고 돌아선다. 깊은 산골은 아니지만 인적이 드물다.

누구 한 사람 찾아주는 이 없기는 너나 내나 마찬가지다. 이래서 인생 말년에 가장 무서운 것이 고독이라 한 모양이다.

돌다가 끝나는 인생길

산골마을에 해가 지면 인적이 끊기고 밤이 이슥해지면 적막에 짓눌려 무서리 내리는 소리, 나뭇잎 떨어지는 소리가 들릴 정도로 고요하다. 잠자리에 들어도 이 생각, 저 생각에 바로 누웠다, 모서리로 누웠다 뒤척인다.

밤이 깊어갈수록 정신이 맑아지고 아무짝에도 쓸모가 없어 쓰레기통에 버려야 할 지난날들을 뒤져본다. 혹시 뭔가 있을 것 같아 이것저것 살펴보지만 잡히는 것은 없고 나오는 것은 한숨뿐이다.

어차피 돌아올 수 없는 다리를 건너면 부도, 명예도, 권력도 내 것이 아닌 것을 어찌 그리 잡으려고 발버둥 쳤던가? 백년도 살지 못하는 인생, 한순간 세월의 바람에 날려가는 먼지 같은 인생, 생각할수록 지난날이 허망하기만 하다.

삶의 끝자락에 가면 모두가 부질없다는 것을 알면서도 지난 세월을 뒤돌아봄은 아직 못다 한 꿈이 남아서 인가, 인생이 허망해서인가, 그도 아니면 지난날을 반추하는 습성 때문인가?

한결같은 삶이 더 아름답다는 말을 떠올리며 남은 시간 누구 한 사람 더 사랑하고, 따뜻한 말 한마디 남겨주고 가고 싶다. 그러나 무정한 세월은 이마저도 허용치 않는다.

펜을 잡고 백지 위에 뭔가를 써내려 간다. 종이 한 장 다 채우지 못하고 펜을 던질 것을 알면서도 긴 밤을 떨쳐버리려고 뭔가

끄적거린다.

나는 어데서 와서 어디로 가는가? 잠시 머물다가는 인생, 이길 저길 헤매다 보니 세월은 저만치 가고, 돌고 돌다가는 왔던 곳으로 가는 것이 인생이 아니던가?

웃어도 보고, 울어도 보고, 힘들어도 참아가며 오다 보니 장벽이 앞을 막고 있어 더 갈 수 없을까, 이리저리 찾아보고 물어보지만, 세월은 아무 대답이 없다.

살아갈수록 눈물이 나고, 해가 거듭할수록 외로워지는 길, 힘들어도, 아파도 가야 한다면, 차라리 세속욕심 다 버리고, 바람 부는 대로 가는 것이 편했을 것을, 바보처럼 왜 이 길, 저 길 찾아 헤매었던가?

삶은 무엇이고 죽음은 또 무엇인가, 지천에 널려 있는 공기 한 모금 마시지 못하면 죽음이 아닌가? 모두가 거기서 거긴데 부질없는 허상에 매달려 놓지 못함은, 미련 때문인가, 아직 시간이 남아서인가?

붓을 놓고 생각에 잠긴다. 바람은 불고 싶은 대로 불지만 그 형체를 본 사람은 없다. 또 소리는 들어도 어데서 와서 어디로 가는지 아무도 모른다.

흘러가는 구름은 볼 수 있지만 어디서 사라지는지 모른다. 사람, 구름, 바람, 모두가 한순간 이 세상을 지나는 순례자일 뿐이다.

굳이 다르다고 하면 돌고 도는 인생길에는 흔적이 남는다는 점이다. 이를 자랑삼아 문집을 내고 비문에 깨알같이 새겨놓지만 세월은 이마저도 무의미하게 만든다. 세월이 가면 먼지만 쌓이고 이끼만 덕지덕지 낀다.

돌다 끝나는 인생길에 남는 것은 남은 사람들의 마음속 기억뿐이다. 이를 두고 걸어온 자취라고 한다. 누구나 그 자취가 남아 길이 기억되기를 바라지만 이는 기대일 뿐이다.

흔적을 남긴 사람은 어떤 분을 두고 이르는 말일까? 높은 벼슬에 부를 쌓은 사람이 아니라 남모르게 덕을 베푸는 사람이 아닐까?

받은 사람의 마음에 감사함이 새겨진다면 이것이 바로 삶의 흔적이다. 인생은 돌다가 끝나지만 그 자취는 구전으로 이어져 내려갈 것이다.

기름이 다 타면 불은 꺼진다

경로당 앞에서 만난 노인이 올해는 다른 해에 비해 춥고 밤이 길다고 하소연한다. 모른 체하고 지날까 하다가 그래도 이웃인데 그럴 수 없다는 생각에 멈춰 선다.

나이가 들면 몸이 약해지고 움직이는 시간이 줄어서 그렇다고 하고는 내 길을 간다. 한 살 더 먹으면 저항력이 좀 떨어지기야 하겠지만 느낄 정도는 아닐 테고 잠자는 시간도 별반 다르지 않다.

그럼에도 춥고 길게 느껴지는 것은 육신이 아프고 마음이 허해서이다. 찾아갈 곳 없고 오는 사람 없으니 하루 종일 TV에 목을 맨다. 앵무새 소리를 피하려고 채널을 이리저리 돌려다가 지치면 낮잠을 잔다.

그렇다 보니 밤이 이슥해도 잠이 잘 오지 않고 또 홀로 밤을 보내야 하니 길게 느껴질 수밖에 없다. 모두가 세월이 남기고 간 유산이다.

내 어린 시절 잠자리가 추워 잠을 설치던 때가 있었다. 초가집은 비스듬하게 기울고, 흙벽에는 여기저기 틈새가 생긴다. 벽과 문 틈새로 찬바람이 자유자재로 들락거렸다.

밤이 이슥해지면 잠자리에 든다. 방은 초저녁에는 뜨겁고, 새벽에는 싸늘하게 식는다. 덮을 것이 변변치 않으니 새우잠을 자야 하니 밤은 길게 느껴졌다.

지금은 옛날과는 달리 조금만 노력하면 따뜻하게 겨울을 지낼 수 있다. 그럼에도 노인들에게 겨울밤이 춥고 길게 느껴지는 것은 병든 육신과 영혼 때문이다.

하루 종일 창밖을 내다봐도 인적은 없고 알고 지내던 아무개 아재, 아지매가 세상을 떠났다는 소식을 접하면 마음이 편치 않다. 홀로 사는 노인들에게는 겨울밤은 길고 힘든 시간이다.

날이 갈수록 노인들이 이를 감당하지 못하고 스스로 목숨을 끊는 고독사가 늘어나고 있지 않은가? 고독은 죽음에 이르는 병이다. 빈곤, 질병, 고독은 오늘의 노인들이 겪는 삼중고(三重苦)이다.

기름이 다 타면 등불이 꺼지듯 생을 이어가기 어려우면 아예 체념하는 것이 고통의 시간을 줄이는 길이다. 그러나 아침이 되면 실 날 같은 명줄을 잡고 이 병원, 저 병원 드나들며 약으로 연명해 가니 순간이 지옥이나 다름없다.

하소연해 본들 무엇 하며, 가는 세월 붙잡아 보려고 애써 본들 무슨 소용이 있나? 마치 거울에 비친 꽃을 꺾으려다가 헛손질하고, 물에 뜬 달을 잡으려고 허둥대다 빠지는 것과 무엇이 다른가? 앉은뱅이가 일어나 보려고 용을 써 본들 앉은 자리 그대로이다.

죽음은 죽어서 없어지는 것이다

봉무동 원불교사찰을 지나 단산지 뒷산을 오를 때가 있다. 사찰 경내에는 맨손체조를 하는 사람들이 이따금씩 보이나, 스님은 보이지 않고 예불 올리는 소리도 들리지 않는다.

오늘은 사찰입구에 보이지 않던 현수막 두 개가 바람에 펄럭이고, 독경소리도 들린다. 현수막을 보니 하나는 대각개교절(부처님오신 날)을 경축하는 것이고 다른 하나는 원불교 창설·발전에 많은 공헌을 하신 원로스님이 입적하였다는 것을 알리는 내용이다.

부처님오신 날을 기념하고 세상을 하직한 원로스님께서 윤회의 고통에서 벗어나 극락에 드시기를 기원하는 후배 스님과 신자들의 예불소리가 나그네 발걸음을 잠시 멈추게 한다.

한참을 듣다가 산을 오르며 죽음이란 단어를 더듬어 본다. 죽음이란 말을 종교마다, 사람마다 다르게 표현한다.

가톨릭에서는 선종(善終), 개신교에서는 소천(召天), 불교에서는 입적(入寂)이란 말을 주로 사용한다. 또 왕조시대 절대군주가 세상을 하직하면 승하(昇遐), 붕어(崩御)란 용어를 쓰기도 하고 사회 저명인사에게는 서거(逝去), 귀천(歸天), 영면(永眠), 타계(他界), 작고(作故)란 용어를 쓰기도 한다,

죽음이란 말 대신에 사용되고 있는 용어를 보면 선종, 소천, 입적, 열반, 붕어, 승하, 귀천, 서거, 사거, 운명, 기세, 서세, 별세,

영면, 영서, 장서, 작고, 타계, 사망, 승천 등 다수이다.

죽음을 왜 이렇게 다양하게 표현할까? 저마다 영원한 이별을 아쉬워하고, 떠나는 영혼을 위로하고, 고인의 생전의 삶을 높이 기리다 보니 이처럼 많은 용어들이 사용된 것이 아닌가 싶다. 그러나 무슨 말로 수식하던 죽음은 죽는 일, 죽어서 없어지는 것뿐이다.

삶과 죽음의 경계는 살얼음판 같다고 하는 사람도 있고, 종이 앞뒤 면과 같다고 하는 분도 있다. 죽음은 인간의 희로애락을 빼앗고 사랑하는 사람들을 두고 홀로 미지의 곳으로 가는 것이다. 인간사에 죽음보다 더 비참한 사건은 없다.

또 죽으면 저승으로 간다고 알려져 있다. 그러나 저승이 어디에 있으며, 어떤 곳이고 어떻게 가는지 아는 사람도 없다. 그래서 저승으로 가는 길을 안내하기 위해 이승과 저승의 경계에 저승사자가 기다린다고 한다.

이 또한 본 사람도, 아는 사람도 없다. 죽음 그 다음 일은 아무도 모르니 불안하다. 그래서 죽어 천당 가는 것보다는 개똥밭에 살더라도 이승이 좋다고 하는 말이 생긴 모양이다.

인간을 거룩하게 하는 것은 죽음을 수식하는 말이 아니라 생전에 살아온 모습이다. 젊어서 세상을 하직한 어느 선객은 평소 '죽어도 좋고 살면 더 좋다'라는 말을 하였다고 한다. 참으로 슬기로운 삶의 자세이다.

소쩍새 울음에 밤은 깊어가고

미대동 뒷산에 진달래꽃 피고 달 밝은 밤이면 소쩍새가 운다. 소쩍새는 두견새, 자규, 불여귀, 두우, 귀촉도 등 다양한 이름으로 불리어지고 있다. 이들 대부분이 전설과 연계되어 있다.

중국 촉나라 망제가 신하에게 황위를 찬탈당하고 유배 생활을 하면서, 복위될 날만을 기다리다 죽어 그의 혼이 새가 되었는데 그 새가 귀촉도(歸蜀道)라 한다.

또 다른 전설은 아주 옛날 두메산골에 몹시 가난하게 살던 형제가 의논 끝에 외지로 나가 돈을 벌어, 고향에 다시 돌아와 함께 살기를 약속하고 헤어진다.

그러나 그 꿈을 이루지 못한 채 형이 먼저 타향에서 병을 얻어 죽는다. 그의 원혼이 새가 되어 달 밝은 밤이면 동생과 약속한 장소에 와서 동생을 부르며 울었다고 한다. 울음소리가 불여귀라고 하는 것 같다고 하여 불여귀(不如歸)라 부르기도 하고 또 달 밝은 밤에 운다 하여 자규라고도 한다.

두견새에 관한 설화는 한이 많은 우리 민족의 정서와도 잘 어울려 여러 문학작품의 소재가 되고 있다. 오늘 밤 소쩍새 울음을 들으니 더욱 심란하다.

팔공산 외진 골짜기, 소쩍새 우는 산골, 말없이 밤은 깊어 가는데, 무엇이 서러워 야삼경 이산 저산 옮겨가며 슬피 우는지, 그 사연을 알 길 없구나.

달이 서산으로 기울어도 울고 또 우니, 밤은 삼경으로 치닫고 달은 서산마루에 걸렸는데, 촌 늙은이 마음 알기라도 하듯 더 처량하게 운다.

하루를 보내는 아쉬움 때문인가, 세월에 밀려가는 서러움 때문인가, 홀로 지새는 밤이 외로워서 인가, 그 사연 알 수 없으니, 오늘 밤은 나와 함께 새우자꾸나.

밤이 지는 것이 아쉬워 우는 풀벌레도, 이별이 서러워 울고 또 운다. 빛나던 별들도 시름에 잠기니, 소쩍새도 울음 멈추고 자취를 감춘다.

그 옛날 어린 시절 봄이면 보릿고개가 찾아오고 밤마다 소쩍새가 울면 어른들은 올해는 심한 가뭄이 온다고 말씀하시고는 별이 총총한 밤하늘을 쳐다보시며 한숨지었다.

흉년이 되니 미리 밥솥을 줄이라고 소쩍, 소쩍 하고 운다고 생각하였던 모양이다. 모내기를 해야 할 시기에 비는 오지 않고, 밤이면 소쩍새가 우니 아마도 울음과 가뭄을 연계시켜 생각한 것이 아닌가 한다.

소쩍새 울음과 가뭄이 무슨 관계가 있는가? 하늘만 쳐다보며 농사를 짓는 농부들의 무기력하고 답답한 심정을 토로한 것이 아니겠나 싶다.

진달래꽃 따 먹으며 허기진 배를 움켜쥐고 하루해가 빨리 지고 어둠이 오기를 기다리던 산골 아이들, 해마다 찾아오는 춘궁기를 보내야 했던 그 시절, 소쩍새 울음은 아이들의 심금을 울리기도 하였다.

그때와 지금의 처지가 다르지만 산촌에 사는 나에게는 소쩍새 울음소리가 어린 시절의 추억을 새롭게 한다. 이제는 잊어야 하는데 잊지 못함은 아직도 어린 시절을 마음에 담고 있기 때문인가?

쓸쓸하고 험악한 세상

유모차에 의지해 경로당으로 오는 마을 안노인의 인사를 받고는 발길 닫는 대로 간다. 언제나 그랬듯이 오늘도 기다리는 사람은 없어도 반겨주는 벗들이 있는 산을 향해 걸음을 재촉한다.

마을을 지나 숲으로, 작은 고개 넘어 산으로, 등성이 넘어, 다시 숲으로, 숲을 지나 다시 등성이로, 오가는 사람 없어 반겨 주는 이 없지만, 그래도 꽃과 나무들이 반겨 주고, 새들이 벗 해주니 오늘도 그 길을 간다.

봄이 오면 진달래꽃 향기에 취하고, 여름이면 그늘에 낮잠을 즐기고, 가을이면 낙엽 속에 숨어 쉬고, 겨울이면 낙엽을 이불 삼아 잠을 자며, 봄을 기다리는 꼬부랑 길, 그 길은 언제나 새로운 길, 오늘도 날 오라고 손짓하니 그 길을 간다.

산 중턱 짙은 숲속 바위에 기대어 일가족이 극단적 선택을 하였다는 조간신문 기사를 떠올린다. 그리고는 60여년 전 자주 불렀던 '사의 찬미' 한 소절을 부른다. 타고난 음치지만 듣는 사람이 없으니 부담이 없다.

"광막한 광야를 달리는 인생아 …… 쓸쓸한 세상 험악한 고해에 너는 무엇을 찾으려 가느냐."

세상물정 모르든 20대, 군사혁명 직후 강원도 인제군 소재 두메산골 교직원이라고는 교장, 교감 빼면 평교사 4명뿐이고 전교생이 93명인 중학교에 근무하던 시절, 겨울밤이면 교무실 난로 가에 앉아 이 노래를 부르곤 하였다.

사는 것이 고달 퍼서도, 배가 고파서도, 험악한 세상을 원망해서도 아니었다. 또 기다리는 사람도, 가수 윤심덕처럼 이루지 못한 사랑 때문도 아니었다. 그저 그 시절 유행되던 노래이기에 부른 것이다.

살다 보면 세상사 뜻대로 되지 않고 지칠 때가 있다. 그러면 저 세상을 동경하기도 한다. 그러나 그곳에 가면 고통, 아픔이 없는지 아는 사람이 없다. 그런데도 왜 그곳에 서둘러서 가려고 하는지 알 수 없다.

인생길은 희로애락으로 점철되어 있다. 정도의 차이는 있지만 유독 내가 가는 길이 다른 사람보다 더 고달프고, 힘들다고 하는 것은 자신만의 생각이다.

인생이 고해라고 생각하는 것은 행복할 때 불행을 생각지 아니하고 편안할 때 어려웠던 시절을 잊어버리기 때문이다. 사람이 모두 원하는 대로 살 수 있다면 이 세상은 고해가 아니라 천국이요, 낙원이다. 마음을 돌려 다른 사람들의 삶을 보면 저마다 사연을 안고 웃고 울며 살아간다.

세상이 험악한지, 쓸쓸한지도 모르는 천진한 아이들, 그들의 생명은 그들의 것인데 왜 부모가 일방적으로 빼앗는지, 자식을 소유물로 생각하는 사람이라면 부모로서 자격이 없다.

자식의 미래가 자기들과 같이 암울할 것이라는 예단은 그들만의 독단이다. 저승사자 따라 어둡고 컴컴한 길을 가는 아이들은 비정한 부모를 얼마나 원망할까?

인생사 모두가 거기서 거긴데 힘겨운 세월을 지내고 나면 꽃 피고 새 우는 봄날이 찾아온다. 그때 가족이 한자리에 모여 오늘 같은 날도 있구나, 고생 많았지, 하고 기쁨을 나누는 날이 있을 것이다. 생각하면 마음이 아프다,

이 비극은 정이 메마른 세상, 연약한 의지, 남부럽지 않게 살아야 한다는 자존심, 과욕이 빚은 결과다. 영혼들의 안식을 빌고 정상을 향해 걸음을 옮긴다. 발걸음이 무겁다.

청산은 모두 내려놓고 가라 한다

직장에서 물러난 후 산 좋고 공기 좋다는 이곳으로 이사를 왔다. 처음 몇 년은 복잡한 도심에서 벗어나 한적한 시골에서 생활하니 조용해서 좋고 마음도 편했다.

또 주변에 있는 산과 들을 걸으며 자연을 벗하니 건강에도 도움이 되고 텃밭을 가꾸니 하루해가 짧다는 생각마저 들었다. 그러나 날이 가고 해가 거듭되니 주변에 가보지 않은 곳이 없어지고 하는 일도 매일 같다 보니 지루한 느낌마저 든다.

아침에 눈을 뜨면 오늘은 어디로 갈까, 무슨 일을 할까 하고 주저하는 날이 많아진다. 어쩌다 지인들에게 안부나 전할까 하여 휴대폰을 들었다가 혹여 상대방이 부담을 느끼면 어쩌나 하고는 얼른 내려놓는다. 그리고는 천정을 쳐다보며 허탈하게 웃는다.

흙과 물이 같이 갈 수 없듯이 인간도 세월과 같이 갈 수 없다. 세월은 이것저것 바꾸며 저만치 앞서가는데 사람은 이를 따라가지 못하는 만년지각생이다.

언제 찾아가도 손 사레치는 일없이 반갑게 맞아주는 청산이 있으니 어제도 가고 오늘도 간다. 초여름 날씨 탓인지 습도가 높아 무덥다.

지묘동 터미널에 내려 감태봉으로 향한다. 5월의 산은 짙을 대로 짙어 있다. 산중턱바위에 기대어 철조망 사이로 댐을 내려다본다.

한발로 댐은 허리를 드러내 놓고 하늘을 쳐다보며 입을 벌리고 있다. 그러나 하늘은 이를 모른 체하고 내려다보고만 있다.

댐이 물안개 품어내니, 청산을 안고 돌다 자취를 감춘다. 바람이 구름을 밀고 가면 해가 빵긋 웃고, 구름을 몰고 오면 수줍어 얼굴 감춘다.

낙원이 따로 있나, 산과 물이 어울리는 곳이 낙원이 아닌가. 조용히 눈 감고 생각에 잠기면, 산은 고요에 숨마저 죽이고, 스치고 지나가는 부드러운 바람은 영혼의 소리 같다.

한참이나 댐을 보다 일어나 산길 따라 오르기 시작한다. 감태봉을 지나 전망대에 이른다. 북쪽을 보니 팔공산이 한 폭의 그림 같고, 남쪽을 보니 대구시가지가 바둑판 같다.

인구는 해마다 준다고 하는데 저 많은 아파트에 누가 살고 있는지 궁금하다. 하늘을 쳐다보니 구름 한 점 없고 푸른 산과 조화를 이루니 한 폭의 그림이다.

사람은 누구나 죽음을 잉태하고 이 세상에 와서 유일성의 생명으로 일회성의 삶을 살다 간다. 떠날 때는 억만금을 쥐여줘도 동전 한 푼 가져가지 못한다. 부도, 명예도, 권력도 내 손안에 영원히 남는 것은 없다. 이것이 인생사다.

만물의 영장이라고 자부하지만, 소보다 더 우둔한 것이 인간이다. 소는 짐이 무거우면 움직이지 않는다.

그러나 사람은 힘에 부쳐도 이를 내려놓지 못하고 신음하며 안고 지고 가려 애쓴다. 청산은 명예도 부도, 권력도 모두 네 것이 아니니 내려놓고 바람처럼 구름처럼 살다 가라 한다.

세상 걱정 다 짊어지고, 세상 욕심 다 부리며 허우적대며 살아도, 다람쥐가 쳇바퀴 돌 듯 돌다가는 끝난다. 공수래공수거는 듣기 좋으라고 하는 말이 아니다.

내 손 안에 든 것이 있을 때 이를 비우고 나면 가벼워서 좋고, 더 채울 수 있어 좋고, 행복이 보여서 좋고, 세상이 바로 보여서 좋다.

인생을 부평초(浮萍草)라 하든가

불로동 입구에 줄지어 늘어서 있는 화훼단지를 찾아간다. 딱히 사야 할 꽃이 있어서가 아니라, 그냥 한번 둘러보고픈 마음에서이다.

첫 점포에 들어서니 여러 꽃들이 잘 진열되어 있다. 채송화와 양귀비꽃 화분을 둘씩 사고는 다음 점포로 발길을 옮긴다.

입구 조그만 오지그릇에 물 위에 연꽃이 피어 떠있다. 오랜만에 대하는 수련이다. 수련(睡蓮)은 물 위에서 잠자는 연꽃이다.

이 꽃은 아침에 피었다가 저녁이면 오므리고 다음 날 아침이면 다시 피어 물 위에 떠있다. 신기함과 아름다움에 매료되어 한동안 바라본다.

수련같이 물 위에 떠다니며 살아가는 식물을 부수식물, 부평초라 한다. 이런 식물은 바람 부는 대로 떠다니다가 우연한 기회에 서로 만나 무리를 이루어 산다. 그러다가 바람이 불면 다시 헤어진다.

인연이 있으면 만나고 인연이 다 하면 흩어지고, 끝내는 아무도 보지 않는 외진 곳에서 자취를 감춘다. 그래서 인생을 부평초에 비유하기도 한다.

부평초 같은 인생이란 넓은 세상 한곳에 정착하지 못하고 이리저리 다니다가 어느 날 저세상으로 가는 것을 두고 한 말이다. 그러나 인생은 꼭 부평초와 같은 것만은 아니다.

평수상봉(平水相逢)이란 말도 있다. 여기저기 떠다니다가 우연히 만나 부부가 되고 벗이 된다. 이렇게 하여 삶의 뿌리를 내리고 서로 사랑하며 행복을 찾아가는 경우도 있다.

수련을 뒤로하고 다시 걸음을 옮기며 이곳저곳을 살핀다. 각가지 꽃들이 저마다 아름다움을 자랑하고 있다. 조그만 플라스틱 통에 심어져 자신의 존재를 널리 알리지 못하고 짧은 기간 생을 마감해야 하는 너들의 운명이 참 안타깝다.

아마도 너들은 이 비좁은 공간에서 벗어나 넓은 곳에서 다른 꽃들과 어울려 꽃을 피우며 살고 싶겠지. 그러나 그 꿈을 이룰 수 없으니 이 또한 너들의 숙명이다.

화훼단지 돌아보고 버스에 몸을 싣고 차창 박을 내다본다. 가로수 너머 푸른 산이 오라고 손짓한다. 정류장을 지날 때마다 손님들이 타고 내린다.

어떤 사람은 밝은 얼굴로, 또 다른 사람은 무표정하거나 찡그린 모습을 하고 있다. 다른 사람들의 눈에 내 모습은 어떻게 비칠까? 봐주는 사람은 없지만 심술궂고 고약한 늙은이로 보여서는 아니 된다.

다른 사람 눈에 이러한 모습으로 비친다면 이는 공해다. 어색하게 웃는 시늉을 해본다. 아직도 아무짝에도 쓸모없는 자존심을 다 버리지 못한 모양이구나.

저승길에는 주막도 없다는데

컴컴한 방에 불을 켠다. 오늘따라 불빛이 싫다. 전등을 끄고는 방을 나와 발길 닿는 대로 걸으며 마음속 깊은 곳에 차곡차곡 쌓여 있는 사연들을 하나하나 꺼 집어내어 본다.

대부분이 더 이상 나와 함께할 의미도, 가치도 없는 것들이다. 깊은 어둠 속에 던져 버리고 집으로 돌아와 방에 불을 켠다. 구석진 곳에 도사리고 있던 어둠이 놀라서 자취를 감추니 갑자기 방안이 휑하니 더 넓어 보인다.

어린 시절 추운 겨울밤 불씨마저 사그라지고 미지근한 재만 남은 오지화로를 껴안고 손을 녹이다 보면 틈새로 들어오는 바람에 놀라 화로는 차갑게 식어 갔다.

빨리 날이 밝아 따스한 빛이 내리쬐는 담벼락 밑으로 가고픈 마음에 자주 찢어진 문구멍으로 어둠이 깔린 창밖을 내다보곤 하였다. 그러나 지금의 방은 따뜻하다.

그럼에도 몸이 움츠러든다. 아마도 적막감에 눌려서 그런가 보다. 자리에 누워 몸을 만진다. 가슴, 다리, 팔, 모두가 앙상한 뼈뿐이다. 백골이 된 몸을 만지니 눈물이 난다.

튀는 듯 자리에서 일어나 앉으니 마음속 깊은 곳에 도사리고 있던 죽음이란 단어가 고개를 들고 나온다. 죽음은 내가 이 세상에 올 때 안고 와서 지금까지 같이 지내 왔다.

새로운 사실도 아니지만 죽음이 삶을 앞지를 때가 되어간다 생각하니 만감이 교차한다. 어차피 가야 할 곳이라면 잊고 지내다가 때가 되면 떠나면 되는데 이토록 민감하게 반응함은 아직 이승에 대한 미련이 남아있기 때문인가?

망나니가 휘두르는 칼날 앞에 죽음을 기다리며 절박한 심정을 읊은 성삼문 선생의 절명시(絕命詩, 受刑詩)를 곱씹어 본다.

요란한 북소리 목숨을 재촉하는데(擊鼓 催人命)
서풍이 불고 해는 기울어지는구나.(西風 日落斜)
황천길에는 주막이 없다는데(黃泉 無一店),
오늘 밤은 뉘 집에서 묵어가리오.(今夜 宿誰家).

저승길은 외롭다 하여 누구와 같이 갈 수도 없고 또 누구의 도움도 받을 수 없다. 흔히 저승을 갈 때는 저승사자의 안내를 받아간다고 한다. 또 길이 멀어서 가다가 쉬어 가야 하는지, 도중에 자고 가야 하는지 아는 사람도 없다. 이로 미루어 보면 가는 길이 평탄치만은 않은 것 같다.

그래서 저승길 가는데 배곯지 말라고 입에 쌀도 넣어주고 노자에 보태라고 지전도 태워주지 않는가? 이는 떠난 사람을 위한 남은 사람들의 마지막 베풂이요 보은이다.

권력을 등에 업고 목에 힘주고 사는 사람도, 부자라고 유세부리며 사는 사람도, 명예를 자랑으로 삼고 사는 사람도, 헐벗고 굶주리는 사람도 저승으로 가는 길은 같다.

돈 많은 사람이 이를 가지고 저승에 가서 편히 지낼 수 있다면 많이 벌어 많이 가져가려고 저승사자에게 뇌물을 줄 것이다. 이렇게 되면 이승뿐만 아니라 저승에도 부정부패가 만연할 것이다.

그래서 하느님께서는 이를 아시고 이승에서 얻은 것을 그대로 두고 빈손으로 가게 한 것이다. 전제군주들은 죽으면 저승에 가서 쓰라고 금은보화와 화려한 부장품, 진귀한 보물을 함께 매장하였고, 또 외롭다 하여 살아있는 비빈, 궁녀와 내시들을 순장하였다.

무소불위의 권력을 가진 군주도 저승에서는 영향력을 행사하지 못하였던 모양이다. 수많은 세월이 흐른 지금도 무덤 속에 묻혀있는 금은보화는 하나도 쓰지 못하고 그대로 남아있다.

어차피 빈 몸으로 갈 바에는 수북하게 쌓아두지 말고 생전에 좋은 것은 나누어주고 나쁜 것은 버리고 가면 어떨까? 이것, 저것 나누고 버리고 나면 가는 길이 가벼워질 것이 아닌가?.

좋은 것만 나눠 주고, 나쁜 것은 가지고 가면 이 또한 무거워 짐이 된다. 버리고 가면 누가 이를 치워줄까 걱정할 필요도 없다. 남은 사람들이 나누고 이해하며 용서하고 지우면 된다.

캄캄한 밤길을 가는 사람에게 보잘것없는 반딧불 하나가 어둠을 밝혀주듯 떠나기 전 작은 나눔 하나가 힘든 이웃의 마음을 따스하게 해준다면 작은 반딧불처럼 빛나지 않을까?

내 떠난 자리에

거지에게는 생일이 없고 도둑에게는 양심이 없으며, 열심히 일하는 사람에게는 밤과 낮이 따로 없다는 말이 있다. 살길 찾아 밤을 낮 삼아 살다보니 어느새 오늘에 이르렀다.

뒤돌아보면 십대에는 배곯지 않고 지게와 멀어지는 것이 꿈이었고, 이십대에는 종이 한 장에 목을 매고 이곳저곳 찾아다니는 말단 공직자로 보냈다. 그 덕으로 십대의 간절했던 꿈은 이루어졌다.

삼십이 넘어 대구에 정착하면서 가난에서 해방되었고, 사십이 넘어 종교에 귀의하면서 마음의 평온을 찾았다. 오십을 넘어서는 이웃에 아주 작은 '사랑의 불씨' 하나로 기억되기를 바라며 지내왔다.

어느덧 세월이 흘러 그토록 바라던 소망을 이루지 못하고 서산에 지는 해를 바라보며 서성이고 있다. 혹시나 하여 지나온 길에 작은 흔적 하나라도 있는가 하여 뒤적여 본다. 아무것도 보이지 않는다. 한의 응어리가 수북하게 쌓인 인생이다.

꽃은 피어도 아름다움을 자랑하지 아니하고, 잎은 떨어져도 슬프다 눈물짓지 않는다. 바람은 지나면서 돌아보지 아니하고 구름은 지나가도 자취를 남기지 않는다.

사랑은 불타도 연기가 나지 않지만, 그 자리에 작은 불씨 하나 남으면, 어둠을 밝혀주고 이웃을 따뜻하게 한다. 나 또한 그러한 삶을 바라며 살아왔지만 돌아보면 아무 흔적이 없다.

찬바람 낙엽 지는 소리에 위로라도 하듯, 귀뚜라미 한 마리 밤을 새워 울다가, 새벽이 되니 나를 두고 가버렸다. 창을 열고 동쪽 하늘을 바라보니 작은 별 하나 반긴다, 저 별도 해 오름에 밀려 자취를 감추겠지.

어느 날 나도 저 별처럼, 아침 이슬처럼, 바람처럼, 구름처럼 흔적 없이 사라지겠지. 새벽하늘에는 구름 한 점 없는데 이내 마음에는 시름만 가득하다.

창가에 기대어 말없이 서있는 나무를 보니 가지는 앙상하지만 윤기가 흐른다. 봄이 오면 잎이 돋아나고 꽃이 피도록 자리를 마련해 놓고 기다리고 있다. 그러나 내 떠난 자리에는 조그만 사랑의 불씨 하나 보이지 않으니 웃음이 없다.

일상에 안주하며, 자신을 엄하게 다스리지 않고 오늘 못하면 내일 하면 되지 하고 허송세월하며 살아온 결과이다. 원망해 본들 무슨 소용 있나. 차가운 산하를 비추며 떠오르는 붉은 해는 어느 때보다 따스하게 느껴진다. 자연은 오늘도 내일도 변함없는데 나그네 인생은 어찌 이리 허망한가?

바람이 우나 나무가 우나

바람이 세차게 분다. 잠시 돌아서서 옷깃을 여미며 바람이 잦아들기를 기다린다. 그러나 멈출 기색이 없어 보인다. 하는 수 없이 바람을 안고 걸음을 재촉한다.

산중턱을 넘어서니 갑자기 윙하고 우는 소리가 들린다. 바람이 우는지, 나무가 우는지 알 길 없다. 누가 울며 왜 우느냐고 물어도 대답이 없다. 바람도, 나무도 둘 다 울기 때문이 아닐까?

바람은 가는 길이 멀고 험해서, 나무는 홀로 남으니 외롭고 추워서 울지 않을까? 아니다, 바람도, 나무도 모두 헤어져야 할 운명을 피할 수 없어 운다.

창조주께서 생명이 있는 것들은 반드시 죽고, 만나면 헤어지도록 하셨기 때문이다. 이 세상에 영원한 것은 하느님과 세월뿐이다.

바람도, 나무도 이를 거역할 수 없으니 별리의 아픔을 나누고 있는 것이다. 바람더러 울지 말고 가다가 다른 나무를 만나라 하고, 나무에게는 뒤따라오는 부드럽고 따뜻한 바람이 있으니 기다리라고 위로하고는 내 길을 간다.

갑자기 상수리나무에 붙어있던 마른 잎 하나가 바람을 이기지 못하고 떨어져 저만치 날아가 마른 풀 속으로 기어든다. 흙으로 돌아갈 내 모습을 그려본다.

어디에서 어떤 얼굴로 태어날지 모른 채 이 세상에 와서 인생은 한 번뿐이라는 생각에, 미래가 있다는 바램에, 지난날들을 돌아보는 시간마저 아깝다는 생각에 멈추지 않고 앞만 보고 걸어왔다.

지금은 허허한 산정에 외로이 서있는 한그루의 고목과 같다. 찬 바람이 지나가니 육신도 영혼도 모두 춥고 까칠해진다.

다시 세찬 바람이 지나니 바람도 울고 나무도 운다. 이들이 우는데 왜 내 마음이 이리 허전할까?

나도 떠나야 하기 때문일까? 이를 두고 동병상련(同病相憐)이라 하던가? 이제 나는 인생 마지막을 흉하지 않게 보내야 할 과제를 안고 있다.

바람이 떠날 때 싫다고 매달리지 말고, 찡그리지 말고, 웃으며 가라고 한다. 그르면 넌 왜 나무를 붙들고 울며 가는가 하고 묻는다. 자기가 우는 것이 아니라 아직 매달려있는 잎새들이 운다고 변명한다.

만물의 영장이라 자부하는 인간도 변명을 밥 먹듯 하는데 바람인들 못하란 법은 없지 않은가? 잎처럼 떨어지지 않으려고 울며 매달릴 것이 아니라 자연에 순응해야 한다.

바람이 올바른 생각이라고 알려주며 윙하고 소리를 남기며 지나간다. 숨어 우는 바람소리, 적막한 산을 남겨두고 집으로 향한다.

오늘은 나, 내일은 너

동화천 늪지 얼음위에 왜가리 두 마리가 머리를 날개 속에 박고 서있다. 잠을 자는지, 춥고 배고픔에 지쳐서인지, 갈 곳이 없어서인지 알 길 없다.

네발짐승은 누워서 쉬고, 날짐승들은 나뭇가지나 둥지에서 자는데, 이놈들은 하필 차가운 얼음 위에 서있는지 참 신기하다. 얼음이 좋은지, 신경이 무뎌서인지 모르겠다.

냇물은 꽁꽁 얼어있고, 주변에는 바람에 버석거리는 마른 갈대밖에 없다. 얼마 전까지만 해도 탐스런 열매를 달고 바람 따라 춤을 추었는데 지금은 앙상하게 말라 초췌한 모습을 하고 있다. 아마도 계절의 혹독함을 실감하고 있을 것이다.

냇가 주변은 스산하고 을씨년스럽다. 왜가리를 뒤로하고 길을 재촉한다. 모자를 눌러쓰고 걷는데도 귀가 시리다. 지향 없이 걷다보니 더 춥고 자주 뒤를 돌아보게 된다.

오늘은 도림사로 가기로 하고 재방을 벗어나 구암교를 건너 큰길로 나선다. 날씨 탓인지 인적은 없고 오가는 차량도 드물다. 백안삼거리, 백안교를 지나 웃갈미, 칡마을, 당동마을을 지나 인산마을 도림사로 들어가는 길목에 다다른다.

도림사(道林寺)는 큰 도로에서 좀 떨어진 산 중턱에 자리잡고 있다. 사찰을 향해 올라간다. 드문드문 있는 민가를 살피며 길 따라 한참을 걷다 보니 사찰에 도착한다.

이 사찰은 팔공산 인근에 위치하고 있지만 해인사(海印寺)의 말사이다. 아직 미완성이지만 현재 규모로도 상당하다. 도심으로부터 가까운 곳에 위치하고 있고 또 시칠 경내에는 추모공원이 있어 평일에도 찾는 사람이 더러 있다.

그러나 날씨가 추워서인지 주차장이 텅 비어 있다. 스님도 보이지 않고 사찰 전체가 깊은 침묵에 빠져있다. 이곳저곳을 살피며 올라가 추모공원 앞에 서서 잠든 영혼들에게 편안히 계십니까, 하고 인사를 올린다. 대답이 없으시다.

하느님의 자비로 평화의 안식을 누리시기를 청하고는 추모공원을 뒤로하고 내려오며 '오늘은 나에게, 내일은 너에게(hodie mihi, cras tibi)'란 말을 떠올린다.

이 세상에 오는 데는 순서가 있지만 떠날 때는 순서가 없으니 오늘은 아니라도 내일은 내 차례가 될 수 있다. 이는 누구도 부정할 수 없다.

올 때와는 달리 갈 때는 버스를 타기로 한다. 터미널에 와서 차가 오기를 기다린다. 날씨가 춥다 보니 10분 간격의 배차시간이 길게 느껴진다.

하늘을 쳐다보며 어느 한순간 청옥 같은 저 높은 곳으로 날아올라 하느님께로 가고 싶다. 그러나 하늘과 땅 사이가 너무 멀어 오를 수가 없으니 어쩌나.

노인의 애잔한 모습

세월에 눌려 허리는 활처럼 굽어진 노인이 신문지 한 장을 들고 지팡이에 의지하여 아침마다 마을 앞길을 오간다. 길 중간지점에 있는 버스정류장 의자에 신문지를 깔고 앉아 무릎을 주무른다.

평생을 농사일로 살아온 촌로에게 아프지 않은 곳이 어디 있겠는가? 조금 쉬고는 일어나 동내 매점에 가서 소주 큰 병 하나를 사들고는 집으로 간다. 허리와 무릎통증을 견디기 위해 이틀에 소주 큰 병 하나를 다 마신다고 한다.

동내 사람들에게 어른의 근황을 물어본다. 내동에 살고 있으며, 올해 나이 96세라 한다. 할머니는 세상을 떠나고 70이 넘은 아들 내외와 함께 산다고 한다. 본인도 힘들지만 아들 내외도 모시는 데 힘에 부칠 것이다. 보기 드문 효자·효부이다.

걸어가고 있는 노인의 모습을 얼마나 더 볼 수 있을지 모르지만, 이제는 가는 길을 멈출 때가 되지 않았나 싶다. 오래 산다는 것이 반드시 미덕은 아니지 않은가?

세월은 해마다 쌓여 삶의 무게를 더해가니 허리는 굽어지고 얼굴에는 주름과 저승꽃을 피게 한다, 팔, 다리는 앙상한 나뭇가지 같게 하고, 이제 그만 보고 들으라고 시력과 청력도 빼앗아 간다. 먹는 것도 줄이라고 이빨도 빼앗아 가고, 머리카락 파뿌리 되게 한다. 굽은 허리, 비틀거리는 걸음, 지팡이, 보청기, 틀니를 선물로 주는 것이 바로 세월이다.

세상번뇌 모두 내려놓고, 구름처럼, 바람처럼 자취 없이 떠나면 이보다 더 좋은 일은 없으련만, 모진 목숨 어쩌지 못하고, 실낱같은 명줄 붙들고 애쓰는 모습이 오늘의 노인들의 자화상이다. 자식들 보기에도 민망하다.

유모차에 의지하고 길을 가는 노인이 무슨 영화 보려고 저렇게 살고 있는가, 자식 고생시키지 말고 그만 좋은 곳으로 떠나지, 하고 한마디 거든다. 아마 자신은 저 노인보다는 낫다고 생각하는 모양이다. 그러나 이는 이 시대를 살아가는 노인들의 자화상이다.

세월에 밀려가는 나그네, 허리굽지 않고, 비틀거리지 않는 사람이 어디 있나. 내가 저 나이까지 산다고 생각해 본 적이 없지만 내 뜻대로 되는 것이 아니지 않는가?

그 사람 알맞은 나이에 세상을 하직하였다는 말을 들을 수 있다면 얼마나 좋을까? 그러면 사람들은 그 사람 죽을 복을 타고났다고 부러워하지 않겠는가?

이런 소리 들으며 떠났으면 좋으련만 이는 자신이 할 수 있는 일이 아니지 않은가?

주문진에서 만난 벗

산 중턱 간이 쉼터에 50대 중년 여성 두 분이 앉아 하모니카로 '찔레꽃'을 연주하고 있다. 환상적이다. 첫째, 둘째 소절을 듣고 셋째 소절을 시작하기 전에 눈인사를 하고 걸음을 옮기며 지난날을 뒤척인다.

타고난 역마살로 세상물정 모르던 시절 철새처럼 강원도 일대와 서울, 대구 등지를 옮겨 다니며 살았다. 가는 곳마다 사람을 만나고, 헤어지기를 거듭하였다. 오랜 세월이 흘렀지만 아직도 마음 한 구석 자리잡고 있는 벗이 있다.

그 시절에는 개인이 가지고 있는 카메라가 아주 드물어 사진관에 가지 않으면 사진을 찍을 수 없었다. 급히 헤어질 줄 모르고 미루다 보니 함께 찍은 사진 한 장 없다. 지금도 기억 속에 남아있는 것은 잔잔한 미소를 머금고 있는 그의 밝은 모습이다.

그를 만난 것은 1962년 강원도 주문진에 있는 고등학교이다. 나는 그 학교 서무로 근무하고, 벗은 서울대 사범대학을 졸업하고 교사로 근무하였다.

일 년의 짧은 기간 그와 함께 한 직장에서 보내고 나는 종이 한 장 받아 들고 벽지 중학교로 자리를 옮겼다. 가진 것도, 학벌도, 배경도 없는 처지다 보니 말단공직이지만 천직으로 생각하고 일했다.

얼마 지나지 않아 벗은 교직을 그만두고 대학원에 진학한다는 소식을 전해 왔다. 그 후 석사과정을 마치고 미국으로 간다는 전화를 홍천에 있는 중학교에 있을 때 받았다.

세월이 흘러 서로의 처지가 바뀌더라도 우정만은 변치 말자고 약속한 것이 그와의 마지막 나눔이었다. 세월은 어언 60년을 뛰어넘었다. 그러나 그때의 우정은 지금도 진하게 남아있다.

그대 지금 어디 있는가, 찾아도 보이지 않고, 불러도 대답이 없네. 나 여기 있네 하고 대답하던지, 얼굴이라도 한번 내밀면 좋으련만, 이마저도 허락되지 않으니 이를 두고 운명이라 하든가.

지난 날 주문진 바닷가, 교황리 소나무 숲, 하조대, 관동대학 캠퍼스, 소금강을 거닐며 나눈 꿈 아직 그대로 살아있는데 무정한 세월은 저만치 멀리 가버렸네.

힘들게 인생길을 가던 나에게 비틀거리지 말고 똑바로 서 가라고 힘을 주고, 옆을 보지 말고 앞만 보고 가라 하고 질책하며 보내주던 잔잔한 미소, 내게는 다시없는 힘이 되었다네.

무정한 세월은 우리를 갈라놓았지만, 그대와의 우정은 아직도 모닥불처럼 마음 한곳에 남아 피어오르고 있네. 꽃이 피고 잎이 지고 계절이 바뀌어도, 소식을 전할 길 없으니 안타깝기만 하네.

봄은 여름을 위해 먼저 오고, 여름은 가을이 오기를 기다리며, 계절은 물레방아처럼 돌고 도는데, 지난 세월은 다시 올 줄 모르니, 어찌 허망하다 하지 않겠는가?

사랑은 이별이 있어 더 아름답고 삶은 죽음이 있어 더 소중하고 슬픔이 있기에 기쁨이 값진 것처럼, 만남을 고대하며 오늘도 그대를 불러보네.

바람에 실려 오든, 구름을 타고 오든, 말없이 다가와 손 내밀면 좋으련만, 이마저도 기약이 없네, 아무리 만나기를 원해도 시절인연이 익지 않으면 만날 수 없다고 하는데 우리에겐 그런 인연이 없는가 보네. 얼마 남지 않은 세월마저 빨리 가서 저세상에서 만나기를 바라네.

웅크리고 있는 나무는 기다리는 봄이 있지만, 우리에게는 내일이 없으니, 이승이면 어떻고 저승이면 어떤가? 그때 못다 한 얘기, 한도, 원도 없이, 밤을 지새우며 나누기를 바라네. 벗이여 이 밤도 편히 쉬시게.

비익조(比翼鳥), 연리지(連理枝)

산 중턱에 약수터가 있다. 약수라고 부르지만 60년대 이곳에서 농사지으며 살던 사람들의 생활용수이다. 산비탈에서 나온다 하여 그냥 약수라고 부른다. 하기야 목마른 사람에게 이보다 더 값진 보약은 없을 것이다.

쉼터에 먼저 온 일행 몇 사람이 쉬면서 연속극 얘기에 열을 올리고 있다. 사랑을 소재로 한 드라마인 모양이다. 여자분들은 진지하게, 남자분들은 그저 덤덤한 표정으로 말을 주고받는다.

사랑은 형체가 없으니 사람에 따라 느낌이 다르고 반응도 제각각이다. 국어사전을 보면 사랑이란 누구를 애타게 그리워하고, 열렬히 좋아하는 마음, 아끼고 위하며 소중하게 여기는 마음이라고 적혀있다.

사랑은 나누는 것, 베푸는 것, 원하는 곳에 아낌없이 주는 것, 희생으로 표현하기도 한다. 그래서 세상에서 가장 아름다운 말을 사랑이라고 한다.

사랑은 땅속을 흐르는 물과 같아 눈으로 볼 수 없고, 손으로 잡을 수도 없다. 또 사랑은 미움도 벗어놓고, 시샘도 내려놓고, 분노도 태우고, 증오도 녹이고 허물도 덮어준다.

사랑은 둘을 하나로 묶어주는 끈이며 영혼과 육신을 건강하게 하는 만병통치약이다. 그래서 사랑을 인생의 꽃길, 비단길이라고도 한다.

사랑은 받아도 즐겁고 주면 더 기쁘고 아무리 주고받아도 갈증 나게 한다. 높은 산, 깊은 물도 사랑을 갈라놓을 수 없다.

중국 고사를 보면 하늘에는 비익조(比翼鳥)라는 전설의 새가 있고, 땅에는 연리지(連理枝)가 있다고 한다. 이들을 지고지순한 사랑의 상징물로 여긴다.

다른 마음과 몸을 가진 반쪽인 새가 서로 만나 한마음, 한 몸이 되어 살아가는 비익조, 서로 다른 두 나무가 하나 되어 살아가는 연리지, 이들은 살아도 같이 살고 죽어도 같이 죽는다. 얼마나 아름다운가?

남녀가 부부로 만나 일생을 비익조, 연리지처럼 백년해로하기를 바란다. 이는 하느님의 은총이다.

당나라 현종이 안녹산 난으로 죽은 양귀비를 사모하며 탄식한 것을 두고 백락천이 장한가(長恨歌)라는 시가를 남겼다. 마지막 연을 보면 하늘과 땅도 끝이 있는데 이별의 아픔은 끝없이 이어진다고 한다.

하늘에서 만난다면 비익조가 되기를 원했고(在天原作 比翼鳥).
땅에서 만난다면 연리지가 되기를 바랐네(在地願爲 連理枝).
하늘과 땅이 장구해도 끝이 있건만(天長地久 有時盡),
이 가슴속의 한은 끝없이 이어져 다함이 없네(此恨綿綿 無絕期).

사랑 뒤에는 이별이 숨어 있어 아픔, 슬픔을 피할 길 없다. 황후장상(皇后將相)의 이별이던, 평범한 부부의 이별이던 애절함은 같다. 부부는 사랑의 끈으로 묶여져 있기 때문이다. 이 끈이 끊어져 홀로 남았을 때 그 아픔이 오죽하겠는가?

누에는 죽어 번데기기 되어야만 실을 토해내지 않고, 촛불은 다 타서 재가 되어야만 눈물을 흘리지 않는다. 이처럼 부부의 사랑도 촛불과 누에처럼 다 타고 죽어서 끝이 난다면 얼마나 좋을까?

부부라면 누구를 막론하고 비익조와 연리지 같이 일생을 함께하기를 바란다. 이는 더없는 행복이다.

비익조, 연리지 같은 사랑은 실상일까, 허상일까? 평소 사랑한다는 말을 입에 달고 살아가는 부부도 어느 한순간 이해를 따지며 헤어지는 것이 오늘이다.

삭막한 세상, 오직 사랑 하나로 일생을 함께하는 부부가 다수기를 바라는 마음 간절하다.

어느 노부부의 행복

내동 속골로 가는 길목에 수령이 오래된 사과농장이 있다. 아마도 대구가 사과단지로 이름을 날리던 시절 조성된 과수원이 아닌가 싶다.

농장에는 오래된 나무와 새로 심은 나무들이 뒤섞여 혼란스럽다. 고목은 쌓인 세월을 이기지 못하고 가지들을 땅으로 축 늘어뜨리고 힘겹게 열매를 매달고 서있다.

다행히 주인의 배려로 땅으로 쳐진 가지에 받침목을 세운 덕분에 버티고 있다. 10월이 되니 사과 수확기가 가까워진 모양이다.

가지에 매달린 사과는 붉은색을 띠며 먹음직하게 익어가고 있다. 풍작을 이루고 있지만 나무가 노쇠해서인지 낱알은 탐날 정도로 크지는 않다.

이따금씩 이곳을 지나다 보면 노부부가 과수원에서 일을 한다. 오늘도 두 분이 일을 하다 오후 간식으로 라면을 끓여 드시는 것 같다.

인사를 하니 반가운 표정으로 산책가시느냐고 답례를 하면서 라면을 같이 드셔보겠느냐고 묻는다. 인심 좋은 분들이다. 점심을 먹은 지 얼마 되지 않았다고 사양하고 옆에 앉아 말을 주고 받는다.

이 과수원을 경작한 지 얼마가 되었는지를 묻는다. 20대에 선친으로부터 물려받아 이제 나이 70을 넘겼으니 줄잡아 50년 이상 된 것 같다고 한다.

과수원의 수입으로 자녀들을 모두 대학에 보내고, 짝도 맺어 주고 지금은 도시에 집도 마련하여 살고 있다고 자랑한다. 나무가 고목이 되어 볼품은 없지만 효자나무라고 칭찬도 아끼지 않는다.

자녀들과 함께 도시에서 사시면 힘든 노동을 하시지 않아도 될 터인데 하고, 의향을 떠본다. 평생을 시골에서 살았으니 이렇게 사는 것이 자식들 눈치 보지 않아도 되니 마음도 편하고 손자들 보고 싶으면 가면 된다고 한다. 이제 바람이 있다면 부부가 앞서거니 뒤서거니 하면서 세상을 떠나는 것이라고 한다.

한사람이 먼저 떠나고 홀로 남은 사람이 겪어야 하는 고통을 안고 오래 살기를 바라는 부부는 드물 것이다. 이는 나이를 초월하여 모든 부부들이 바라는 소망이 아니겠는가?

잘 쉬고 간다는 말을 남기고 발길을 돌려 언덕을 오르면서 사람의 한평생을 생각한다. 굴곡과 요철로 점철된 일생을 살면서 행복하다고 말하는 사람은 그리 많지 않다.

인생을 살다 보면 행복과 기쁨은 한순간이고, 고통과 불행은 길게 느껴진다. 그래서 많은 사람들이 자신은 불행하다고 한다.

그러나 풍년과 흉년이 번갈아 오듯 행복과 불행 중 어느 한쪽으로 치우친 인생은 드물다. 이들 노부부도 다른 사람처럼 고달픈 세월이 있었을 것이다.

그러나 이를 잘 이겨내며 살다 보니 오늘 같은 행복을 맞이하게 된 것이 아닐까? 이들의 행복은 더 바라지도, 욕심내지 않고 노력한 만큼 거두고 이에 만족하는 데 있다.

비록 노동을 하니 육신은 고달프지만 하늘이 베푸는 것 이상 바라지 않고 다른 사람과 비교하지 않으니 마음이 편하다.

생각을 멈추고 서쪽 하늘을 바라본다. 하루 종일 쉬지 않고 자기 길을 걸어온 해가 하루의 역할을 다한 기쁨에 상기되어 붉은 얼굴로 서산마루에서 잠시 쉬고 있다.

저 태양도 서산을 넘어가 힘을 비축하여 내일이면 더 밝은 모습으로 솟아오르겠지. 내일을 위해 자신을 아낌없이 불태우고 있는 모습이 더없이 아름답다.

노부부도 때 묻지 않은 영혼으로 여생을 보내시다가 원하는 대로 앞서거니, 뒤서거니 하면서 저 노을 진 하늘처럼 아름다운 곳으로 떠나시기를 바라는 마음 간절하다.

살던 모습으로 떠났으면

미곡동 영불사 뒷산에 올라 소나무 사이 길을 걸으며 인생 마무리를 생각한다. 다시는 돌아올 수 없는 길을 떠나는 모습이 아름답지는 못해도 큰 허물이 없기를 바라는 마음 간절하다.

얼마 전 세상을 떠나신 동료 교수님을 떠올린다. 선생님은 정년을 하시고 외국으로 가셨다가 돌아오셔서 신령면 소재 한적한 시골에 거처를 마련하고 소일하시고 계시다는 소식을 들었다.

전원생활을 즐기면서 행복한 여생을 보내시기를 바랐다. 한 해가 저물고 새해가 오가기를 거듭하던 중 어느 날 제자를 통해 선생님의 건강이 전과 같지 않다는 소식을 들었다.

찾아뵈어야 하는데 하면서 차일피일 하다 보니 만남의 시간이 많이 늦어졌다. 떠나시기 며칠을 앞두고 병상에서 만나 삼십여 년간 쌓인 정을 눈빛으로 나누었다. 생각할수록 마음이 편치 않다.

본인의 원에 따라 은해사 뒷산에 쉼터를 마련하고, 극락왕생을 기원하는 사십구재도 올렸다. 부처님의 자비로 당신이 원하시던 곳에서 편히 쉬고 계시리라 믿는다.

그러나 시간이 흐른 지금도 병상에 누워계시던 모습이 쉬이 지워지지 않는다. 이래서 인연이란 고리는 참 질기다고 하는 모양이다.

세상만사 시작이 있고 끝이 있다. 그 끝은 화려하지는 않아도 흉하지는 않아야 한다. 인생의 마지막도 이와 별반 다르지 않다. 그래서 나이가 들면 흔히 죽을 복을 타고나야 한다고들 한다. 죽음에 무슨 복이 있겠는가?

옛사람들은 살 만큼 살고 큰 고통 없이 살던 곳에서 임종을 맞이하는 것을 복이라 여겼다. 죽음에 장소가 무슨 의미가 있을까? 아니다. 그곳에는 눈물, 아픔, 기쁨, 행복이 진하게 남아있기 때문이다.

득도한 스님들은 평소 참선하던 자세로, 또는 잠자는 모습으로 조용히 마지막을 맞이하였다는 얘기가 전해진다. 참선과 수도로 일생을 살아온 스님에게는 당연한 결과가 아니겠는가? 그러나 평범한 인간에게는 상상하기 어렵다.

하찮은 잡초도 자연에 순응하여 마무리 짓는 것을 보면 아름답다. 꽃이 지고, 잎이 지듯 사람도 자연의 순리에 따라 나고 죽을 수 있다면 얼마나 좋을까?

세월은 이것마저도 바꾸어 놓았다. 요즘 다수의 노인들은 양로원, 요양원, 요양병원을 순차적으로 돌다가 일생을 마친다.

시대도, 세대도 바뀌고 생활문화도 변하니 생각이나 행동도 바뀌었다. 세상사 변하지 않는 것이 없지만 그래도 변하지 말았으면 하는 것마저 바뀌는 현실을 보면 참 세월이 야속하다는 생각이 든다.

걷다 보니 발걸음이 어느덧 공산초등학교 뒤편까지 왔다. 그곳에는 골프연습장이 있고 어린아이들이 골프채를 들고 공을 치며 즐기고 있다.

이들의 모습을 보면서 나도 저 나이 때가 있었지만 골프라는 말을 듣지도, 보지도 못하였다. 그저 지게 지고 소먹이는 일을 내가 해야만 하는 일로 알고 자랐다.

세월의 변화를 실감케 한다. 그래서 인간이 성장하는 데 환경이 중요하다고 하는 모양이다. 왜 웃음이 나는지 나도 알 수 없다. 아마도 잘못 타고난 시대를 생각해서가 아닐까?

등산화는 배고프다 입을 벌리고

집을 나서려고 현관문을 열고 주인을 기다리는 등산화를 본다. 십여 년 전 제자 부부가 선물한 신발이다. 계절에 관계없이 나를 따라 험한 길 마다하지 않고 오고 가다 보니 왼짝 뒤창은 입을 벌리고 있고, 오른짝은 뒤축이 비뚤어져 있다.

네가 공장에서 태어나 나를 만나 하루가 멀다고 이곳저곳을 다니다 보니 돌부리, 나무뿌리에 걸려 찢기고, 흙탕물에 빠지고, 미끄러지면서 많은 상처를 입었다. 어찌 온전하기를 바라겠는가?

네가 싣고 다니는 짐이 무거운 편은 아니지만 그래도 쉬지 않고 움직이다 보니 배도 고프고 힘에 부쳐 입을 벌리고 있음직도 하다. 오늘 네 모습을 보니 너의 아픔을 생각하지 않고 내 욕심만 부리며 이곳저곳 험한 산길을 다닌 것이 미안하구나.

그렇지만 네가 세상에 나와 나를 만나지 않았다면 진열장에 갇혀 고객들이 신어보고 벗고를 하는 아픔을 겪다가 재고정리 때 헐값에 처분되었을 것이다.

그래도 천대받지 않고 나를 만나 왼발, 오른발 앞서거니 뒤서거니 하면서 다투지 않고 함께 다니지 않았는가? 네가 이 세상에 태어나 너 혼자서는 볼 수 없는 곳을 나와 함께 구경도 하고 이런 저런 사람도 만나고 이름 모를 새들의 노래도 들었으니 이것으로 위안을 삼기 바란다.

낡은 네 모습과 오늘의 내가 너무 흡사하구나. 너는 나와 찰떡궁합이다. 얼음꽃은 피었다가 해가 뜨면 사라진다. 그러나 다음 날 아침이면 그 자리에 다시 핀다. 이와는 달리 너와 나는 일회성이 아닌가?

우리가 한번 헤어지면 다시는 만날 길 없다. 내 떠나고 네가 버려지는 그날까지 아프다, 피곤하다 투정하지 말고 나와 동고동락하자꾸나.

우리가 함께할 수 있는 그날까지 같이 가자고 달래고는 신발장에서 접착제를 끄집어내어 벌어진 뒤축을 붙인다.

신을 신으며 어느 곳으로 갈까 하고 묻는다. 우리가 이별하기 전까지는 가급적 네가 원하는 곳으로 갈 것이다. 오늘은 포장된 길을 가자고 말하며 집을 나선다.

가벼운 마음으로 버스를 타고는 북지장사 입구 터미널에서 내린다. 포장이 잘된 길이니 눈을 감고 걸어도 다칠 위험은 없다. 길가에 세워둔 시비(詩碑)를 보면서 올라간다.

가을 하늘은 유리알 같고 길가에 줄지어 서있는 가로수 끝에는 가을이 조롱조롱 매달려있다. 은행나무, 단풍나무, 느티나무를 번갈아 만지며 길을 따라간다. 신발이 힘들다 불평하지 않을 것이라 생각하니 마음이 한결 가볍다.

인생이란 드라마

인생은 제작되지 않은 한편의 연속극이다. 태어나면 각본도 없고 연습도 하지 않은 채 그냥 무대에 올라 공연을 시작한다. 횟수가 거듭될수록 자신도 모르게 당초의 극본이 변질되어가다가는 최종회를 맞이한다. 결과는 주연자의 연기력에 따라 희극이 되기도 하고 비극으로 끝나기도 한다.

막이 오르면 주연의 열정과 연기력에 따라 찬사와 비판이 교차한다. 연기력이 뛰어나 권력, 부, 지위가 높아지면 관객이 몰려와 문전성시를 이룬다.

세월이 흐르면 연기자가 늘어나고, 조연이 잘하면 웃음으로 대하고, 칭찬에 침이 마른다. 기대에 부응치 못하면 원수처럼 대하고 내 어찌 이리도 복이 없는가, 하고 한탄한다.

어느 날 연기가 잘못되어 부, 명예, 권력을 잃게 되면 관중은 등 돌리고 친척, 친지마저 고개 돌린다. 그러면 술, 담배로 낙을 삼고 신세타령 하다 보면 세월은 혼자 두고 저만치 가버린다.

같은 역이 번복되면 흥미도 없어지고 피로도 쌓인다. 그러다 보면 병마가 찾아오고 정신마저 오락가락한다. 이제 그만 공연을 끝내고 싶지만 아직 역할이 남아 있으니 어쩌지 못하고 계속한다.

그래도 공연을 이어가고자, 이 병원, 저 약국 찾아다니지만, 이마저도 소용없고. 힘에 겨워 허우적거리다 보면, 세상만사 귀찮고 수북하게 쌓인 무정한 세월만 원망한다.

세상에서 물러나면 못난 자식 찾아와 돈 달라 괴롭히고, 잘난 자식 부모 멀리한다. 많이 배우지 못한 자식 효도하고, 잘난 자식 부모 은공 모른다. 이런 자식 공부 왜 시켰던가 후회하지만, 눈만 뜨면 자식 걱정 먼저 한다.

연기자 하나, 둘 무대를 떠나고, 마지막 막이 오르면, 두 사람만 남아 쓸쓸히 무대를 지킨다. 관객이 찾아와서 위로해 주기를 바라지만, 돈 없고 권력 없으면 찾는 이 없고, 짐 될까 두려워 알던 사람마저 등 돌리고 자식도 본체만체한다.

한 사람이 먼저 떠나가면, 혼자 남아 슬픔, 눈물, 한숨으로 얼룩진 연기로 나날을 보낸다. 나오는 것은 한숨이요, 흐르는 것은 눈물이다. 인생은 끝이 있건만 근심 걱정은 끝이 없다.

그러다 보면 어느 날 자기도 무대를 떠나 흙으로 간다. 떠난 자식들이 돌아와 남겨놓은 것 없는가 하고 이것저것 살핀다. 이렇게 한 편의 인생드라마는 끝이 난다.

가는 곳 어딘지 몰라도

일제 치하 두메산골 작은 마을에 한 아이가 태어난다. '45년에 창씨개명하고 소학교에 입학한다. 그때는 일본 이름으로 바꾸지 않으면 입학이 허용되지 않았다. 하루아침에 친일파가 된 셈이다.

학교에 가면 하루에도 한두 번 공습경보가 발령된다. 그러면 운동장에 있는 지하 방공호나 인근 야산으로 피신했다가 해제경보가 울리면 교실로 돌아온다. 이런 생활이 다섯 달이나 반복되었다.

'50년 6.25 전쟁이 일어나 피난길에 올랐지만 얼마 가지 못하여 남으로 가는 길이 막혀 되돌아왔다. 학교 문은 닫히고 인민군 치하에서 살았다.

'53년 초등학교를 졸업하고 8km 떨어져 있는 중학교에 진학하였다. 그때는 4개 면에 중학교가 하나뿐이어서 시골이지만 입시경쟁이 치열하였다. 적령기를 지난 학생은 초과 월수에 따라 입시성적에서 감점을 하였다. 질병으로 6학년을 두 번 다닌 관계로 학령이 초과되어 감점을 당하고 입학을 하였다.

막상 입학하고 보니 전쟁 중이라 자격을 갖춘 선생이 모자라 교육이 정상적으로 이루어지지 못하였다. 중학교를 졸업한 다음 고향에 소재한 소규모 일반 고등학교로 진학하였다. 입학하자 서울이 수복되어 피난 왔던 선생님들이 옛 직장을 찾아 서울로 가시고 그 자리는 임시교사로 채워졌다.

졸업 후 군복무, 공무원으로 근무하면서 대학도 다녔다. '74년

대학에 자리를 잡은 후 교단에 머물다 일흔이 넘어서 물러났다.

사람은 누구나 자신의 가치를 추구한다. 나 또한 하나뿐인 인생을 제대로 살아보려고 권력, 명예, 부 온갖 유혹에도 한눈팔지 않고 한길을 걸었다. 그러나 지금에 와서 보면 인생 뒤안길 여기저기에 갈지자걸음을 걸은 흔적이 남아있다.

인생의 아름다움은 수명에 비례하는 것도 아니요, 지위, 부의 높낮음에 따라 결정되는 것도 아니다. 오직 자신에게 달려있다. 이제 자신에게 물어본다.

하느님을 사랑하고, 언제나 그분 속에서 살고자 노력하였는가, 가족을 소중히 하고, 이웃을 사랑하였는가, 제자들을 사랑하였는가, 다른 사람에게 상처를 준 일은 없었는가, 아직도 용서받지 못한 죄가 있지 않은가, 교육자로서의 소명을 다하였는가, 삶이 좋은 결실을 맺고 아름다웠는가…….

그렇다고 대답할 자신이 없다. 죄 많은 인생이지만 그래도 하느님이 계시는 곳으로 가고 싶다. 인생 사계절 소풍을 끝내고 마지막 소망을 남겨두고 있다.

그렇게 오래 살았으면 되었지 무슨 바람이 또 있는가, 욕심 그만 부리라고 할지 모른다. 그러나 이는 욕심이기도 하지만 소망이기도 하다.

미움도 벗어놓고, 원망도 내려놓고, 가족들 힘들게 하지 않고, 생전에 진 빚다 갚고, 흉한 모습 보이지 않고, 입던 옷 입고, 아픔도, 슬픔도, 고통도 없는 하느님 계시는 곳으로 가는 것이다.

한 해가 저물고 새해가 다가오고 있다. 가는 곳 어딘지, 그날이 언제인지도 모르지만 그곳과 그날을 기다린다.

청명한 하늘에 소슬바람 불고, 단풍잎 가지 끝에 매달려 떨고 있네. 기러기 떼 지어 울며 가니, 가을인가 하였더니, 어느덧 차가운 겨울이 앞길을 막고 있구나.

간밤에 불던 바람 흔적 없이 사라지고, 새벽 맞은 머리에 무서리만 쌓였네. 옛 모습 어디 가고 백발에 허리 굽혀 북쪽 하늘 바라보는, 나그네 처량하구나.

세월이 저만치 앞서가며 부도 명예도 그 자리에 두고 빈손으로 왔던 길로 돌아가자고 하네. 내 이제 돌아가리라, 님 계신 곳으로. 임이시여, 임이시여 불쌍히 여기시고 받아주소서.

Ⅲ. 보고, 듣고, 생각하고

돌아본 교육자의 삶

길이 급하다고 서둘지 않고, 놀기 좋다 하여 기웃거리지 않고, 일이 뜻대로 된다 하여 교만하지 아니하고, 실패하여도 좌절하지 않고 중단 없이 교육자의 길을 걸었다.

학교를 물러날 때 소장하고 있던 도서들을 대학도서관에 보내고 저서와 발표한 논문 별쇄본만 가지고 집으로 왔다. 그 후 10여 년의 세월이 흐르니 조그만 책장에 기증받은 책, 필요해서 구입한 책들이 적잖게 쌓였다. 이마저 가족들에게 짐이 될까 하여 내 손으로 처리한다.

필요한 책 몇 권만 남겨두고 시립도서관, 복지시설 등에 보내고 별 의미가 없는 책과 논문 별쇄본을 박스에 담아 뒤뜰로 가져간다. 구덩이를 파고 마른 나뭇가지를 모아 불을 지피고는 한장 한장 불속에 던진다. 검붉은 불꽃과 연기가 공중으로 날아오른다. 두 시간에 걸쳐 타고 남은 것은 한 줌의 재뿐이다.

일생 힘들게 쌓아온 노력이 한순간 검붉은 불꽃과 함께 사라져 갔다. 이를 위해 얼마나 많은 시간과 노력, 고뇌의 밤을 보냈던가?

연기로 변해 바람에 날려가는 것을 바라보니 가슴은 텅 비고 그 가운데를 찬바람만 지나간다, 일생 얻은 것은 무엇이고, 잃은 것은 무엇인가?

뭔가 짚이는 것이 있는 같아 움켜쥔 손을 펴 보지만 살이 빠져 볼품없는 가느다란 손가락뿐이다. 남은 재와 그을음이 붙어있는 불구덩이를 흙으로 덮는다. 하얀 연기가 흙 틈을 비집고 모락모락 올라온다.

겨울 해는 쫓기듯 서산을 향해 줄달음쳐간다. 뜨락 여기저기 남은 것들을 정리하고 방으로 들어온다. 벌써 어둠이 창문 틈을 통해 방안을 엿보고 있다.

불을 켜니 천장에 매달린 전등이 수명이 다해서 인지 희미해졌다, 밝아졌다가를 반복한다. 이를 보는 내 영혼도 오락가락한다.

밤은 점점 깊어간다. 인적이 끊긴 산골 마을, 간간이 숨어 지나가는 바람 소리, 저 멀리서 개 짖는 소리가 희미하게 들린다. 되돌릴 수 없는 한 해가 또 과거라는 박제가 되어가고 있다.

서툰 의사는 한 번에 한 사람을 해치지만, 모자라는 선생은 한 번에 여러 사람을 해친다는 말을 곱씹어 본다. 생각하면 짧은 지식, 미숙한 인성, 어눌한 언변으로 제자들을 대했던 지난날들이 부끄럽다.

후회한들 무슨 소용이 있나? 그래도 되새겨 봄은 최선을 다하지 못한 아쉬움, 미안함 때문이다. 그들의 마음에 내가 어떻게 비쳤을까? 좀 모자라는 사람으로 기억되기를 바라지만 혹여 교만한 사람으로 기억된다면 나는 그들에게 큰 죄를 지은 것이다.

나는 그들을 사랑하였다. 물은 고기를 사랑하지만 고기는 물보다는 푸른 하늘을 더 사랑하는 것처럼 내가 그들을 짝사랑한 것은 아닌지!

지금 교단에 선다면 전보다는 더 잘 할 수 있을 것 같다는 생각이 든다. 그러나 이는 자신에 대한 관용이요, 교만이다.

인생에서 가장 중요한 것은 실패하였다고 낙심하지 않는 것이요, 성공했다고 자만하지 않는 것이라는 말을 자주 제자들에게 들려주었다. 그러나 지금 내게는 이 모두가 낯설은 말들이다.

창문을 열고 동쪽 하늘을 바라본다. 하늘은 붉게 물들어있다. 밝은 해가 동산을 넘어 솟아오르며 어둔 밤을 지키느라 지친 별들을 쉬게 하고 있다.

마치 한 세대가 가면 다음 세대가 뒤따르는 것과 같다. 산을 넘어오는 햇살이 얼어붙은 마음을 녹여주기를 바라지만 이는 기대일 뿐, 해는 나를 모른 체하고 제 길을 갈 것이다. 텅 빈 가슴 쓸어내리며 문을 닫는다.

불러 봐도, 울어 봐도

'불러 봐도 울어 봐도 못 오실 어머님을 …… 생전에 지은 죄를 엎드려 빕니다.'

'불효자는 웁니다.' 노래가 60대 중반으로 보이는 등산객의 휴대용라디오에서 흘러나온다. 부모님이 생각나서인지, 평소 즐겨 부르는 애창곡인지, 그냥 라디오에서 흘러나오는 노래를 듣고 있는지 알 수 없다.

소리는 호젓한 산길을 따라 긴 여운을 남기며 사라진다. 성묘철도 아닌 정초에 이 노래를 들으니 새삼 어머님 당신이 그립다.

나직한 키, 주름투성이의 얼굴, 야윈 몸, 피로에 지쳐 앉기만 하면 졸던 당신의 모습이 지금도 눈에 선하다.

내 어머니의 삶은 자식과 지아비를 위한 헌신, 시부모님에 대한 효도, 가사와 농사일이 전부였다. 가정의 화목과 자식들의 앞날을 위해 오직 자신의 희생 하나만으로 살아오신 분이다.

살다 보면 세월 따라, 계절 따라 보고 싶은 사람도 있고, 만나고픈 사람도 있다. 부모님이 그렇고, 사랑하는 사람, 다정한 벗, 자식 또한 그러하다. 이들은 모두 사랑으로 묶여져있는 사람들이기 때문이다.

누구를 기다리고 그리워하는 것은 그를 사랑하고 있음이다. 세월을 뛰어넘어 그립고 보고픈 분이 계시다면 아마 어머니 당신이 아닐까 한다. 어머니에 대한 그리움과 애틋한 마음은 나이를 초월한다.

때로는 잊을 때가 있지만 이는 한순간이고, 마음속 깊은 곳에 언제나 당신이 자리잡고 있다. 어머니는 참으로 위대하신 분이시다. 산이 아무리 높아도, 바다가 아무리 넓어도 끝이 있다. 그러나 어머님에 대한 사랑은 간단없다.

세상이 변해 지금은 어머님의 큰 희생을 마음에 새기고 사는 자식은 그렇게 많지 않은 것 같다. 어렵고 힘들면 부모 탓으로 돌리고, 배부르고 편안하면 자기 잘나서 그렇다고 생각하는 것이 오늘의 젊은이들이다.

나도 이와 별반 다르지 않다. 지금 와서 후회한들 무슨 소용이 있나, 한없이 부끄럽다. 그래도 당신이 그리워 불러보지만 얘야 왜 찾느냐 하고 말 한마디 없으시다.

저 멀리서 이제 그만 잊고 살아가거라, 라는 소리만 들리는 것 같다. 머지않아 당신이 계신 곳으로 갈 것이라고 말을 하고는 산을 내려온다.

해마다 새해를 맞이하지만 당신을 위해 제가 하는 일은 초라한 제상(祭床) 앞에 고개 숙여 불효에 대한 용서를 청하고, 하느님의 자비로 고통 없는 저세상에서 안식을 누리시기를 바라는 것이 고작이다.

가시나무에는 새도 앉지 않는다

산으로 오르는 길목 비탈진 곳에 탱자나무, 조팝나무, 개나리, 쥐똥나무 등으로 둘러싸인 양지바른 밭이 있다. 그곳을 지날 때면 새들이 재잘거리는 소리가 요란하다.

걸음을 멈추고 울타리 안을 살핀다. 굴뚝새, 오목눈이, 곤줄박이, 할미새, 참새를 비롯하여 여러 종류의 텃새들이 지저귀며 이리저리 날고, 뛰며 즐기고 있다.

이놈들은 새들 가운데 수다쟁이에 속한다. 한순간도 입을 다물고 있지 못한다. 겨울이다 보니 따뜻하고 아직 남아있는 풀씨, 나무 열매를 찾아 이곳으로 모이는 모양이다.

옛날 텃새들은 초가지붕 밑이나 나무울타리에 집을 지어 겨울을 보냈다. 그러나 지금은 바람막이 초가지붕도, 울타리도 없고 차가운 콘크리트 지붕과 벽돌담이 전부이다.

세월에게 서식지를 빼앗기고 이곳저곳 옮겨 다니며 사는 삶이 고달프기 이루 다 말할 수 없다. 의지할 곳이 마땅치 않으니 이곳 양지바른 덤불 숲으로 모이는 모양이다.

인기척에 놀라지 않도록 몸을 숨겨, 숨을 죽이고 놀고 있는 모습을 본다. 가지를 옮겨 다니며 먹이를 찾고 지저귀는 모습이 길손의 발길을 잡기에 충분하다.

옆에 있는 탱자나무가 새들과 어울려 지내고 싶은데 찾아주지 않으니 다른 나무를 보며 부러워하고 있다. 지난해 가을부터 매달고 있는 빛바랜 노란 탱자로 유혹해보지만 이놈들은 껍질이 단단한 열매를 보고 구미가 당기지 않는 모양이다. 탱자나무 신세 외롭고 처량하다.

조팝나무나 개나리는 가시가 없는데 왜 자기 몸에만 가시가 돋아나 있는지, 한탄한다. 가시도 작은 것이 아닌 억세고 큰 것을 달고 있으니 사람도, 새도, 짐승도, 심지어는 도둑까지도 무서워 가까이 오려고 하지 않는다. 어찌 외롭지 않겠는가?

가을이 되어 탱자가 노랗게 익어도 쓰고 신맛 때문에 사람도 탐하지 않는다. 그래서 노랗게 잘 익은 탱자는 자연 낙과할 때까지 홀로 계절을 보낸다.

탱자나무가 새들과 함께 어울리기 위해서는 자기 몸에 돋아난 가시를 없애야 한다. 그러면 오라고 유혹하지 않아도 새들이 찾아와 즐겁게 놀다 갈 것이다.

그러나 가시를 몸에 달고 태어났으니 어쩔 수 없지 않은가? 태초에 창조주께서 탱자나무에는 끈질긴 생명력을 준 대신 몸에는 가시를 돋게 하여 오랜 세월 외롭게 살도록 한 것이다. 그 누구도 원망할 수 없다.

산을 오르며 탱자나무에만 가시가 있는 것이 아니라 우리에게도 있다. 간혹 주변을 보면 사람들이 가까이 다가가기를 싫어하는 사람이 있다.

지위가 높다고 해서 아래를 보지 않고, 가진 것을 자랑하면서 어려운 이웃을 외면하고, 남을 섬기지 않으면서 섬김받기를 바라는 사람들이 있다. 이런 사람들이 바로 탱자나무와 같이 가시가 돋아 있는 사람이다.

이들을 가까이하면 상처만 입는데 누가 옆에 다가가려 하겠는가? 불행하게도 이들은 자기에게 가시가 있다는 사실을 모르거나 알더라도 이를 자랑으로 여긴다.

내가 가진 것 많고, 억센 가시 같은 권력이 있다고 으스대지만 그 사람 밑에서 먹고사는 사람 제외하고는 아무도 곱게 봐주지 않는다.

무릇 주위에 사람이 모이기를 바란다면 다른 사람보다 낮은 곳에 서야 하고, 낮은 자리에 앉아야 한다. 이러한 마음가짐, 몸가짐이 바로 겸손이다.

겸손한 사람은 인간미가 배어나고 푸근하게 해 준다. 그래서 사람들이 모인다. 많이 가졌다 자랑만 하지 말고 나누는 사람, 어린이 앞에서도 고개를 숙일 줄 아는 사람이 바로 가시가 없는 사람이다.

과거는 잊고 그날까지 희망을

창밖 앙상한 가지만을 달고 추운 겨울을 보내고 있는 나무에게 시선을 던진다. 잔뜩 움츠리고 서있다. 지난해 무더운 여름 축 늘어져 죽어가는 시늉을 하며 빨리 더위가 지나기를 바라던 저 나무도 지금은 여름을 그리워하고 있다.

사람도 마찬가지이다. 어려운 시절을 만나면 힘들다 불평하고 빨리 지나가기를 바란다. 그러다가 지나고 나면 그때가 문득 생각나고 그리워지기도 한다.

엄동설한 차가운 방에서 새우잠을 자다 보면 닭 울음소리가 들리고 창호지 구멍으로 새벽이 고개를 밀고 들어온다. 맨발에 코 훌쩍그리며 소등 타고 소 먹이러 다니고, 고무신 바닥이 닳을까 하여 벗어들고 다닌 고난의 시절이 내게도 있었다.

아직 백년도 되지 않았는데 아득히 먼 옛날이야기 같다. 이따금씩 그때를 떠올리고는 웃는다.

이런 것, 저런 것 다 겪으며 걸어오다 보니 어느덧 여행 목적지가 저만치 보인다. 세월은 그곳으로 갈 차표를 예약하라고 일러준다. 마치 해가 붉게 물들어 서산을 넘어 가라앉는 것 같은 느낌이다.

인생 너는 바람을 타고 왔나, 구름을 타고 왔나. 세월에 밀려왔나, 세월을 따라 왔나. 돌아보면 지나온 길 굽이굽이 서려 있고, 끝자락 저만치 보이는데, 가는 길 외롭고, 쓸쓸하기만 하다.

병들고 지친 몸, 성한 곳 없고, 눈만 감으면 지난 세월 주마등같이 지나는데 방울져 흐르는 이슬이 옷깃을 적신다. 이제 그만 쉬기를 바라지만, 세월이 등을 미니 저 구름처럼 밀려간다.

잠시 와서 머물다가는 떠나는 인생인데 뭔가 잡아보려고 발버둥 치며 살아온 지난 세월이 허망하기만 하다. 그러나 지난날을 반추하며 후회하고 눈물 흘린다 하여 달라지는 것은 없다.

가버린 세월은 영원히 되돌아오지 않는다. 이제 늙어서 아무짝에도 쓸모없다고 자괴하고 체념하며 세상 저편으로 물러나게 되면 진정 쓸모없는 인간이 된다.

이보다는 남은 그날까지 아주 작은 꿈이라도 갖고, 마음도 열어놓고, 죽어가는 소리 하지 말고, 매사 긍정적으로 받아들이면 어떨까?

가버린 세월만 원망하지 말고 알맞은 일을 찾아 매달리면 존재감도 인정받고 활력도 생긴다. 마지막 그날까지 희망의 끈을 놓지 않는 것이 남은 사람들에게 짐이 되지 않는 길이다.

칠푼이 팔푼이가 되지 않으려면

누구나 늙으면 남에게 짐이 되지 않고, 불쌍하다는 소리 듣지 아니하고 이웃으로부터 외면당하지 않은 채 인생을 끝내기를 바란다. 여기에다 이 병원, 저 병원 기웃거리지 않는다면 더 바랄 나위 없다.

이렇게 되려면 부부가 해로하고, 경제적으로 쪼들리지 않고, 소외감이나 무료감을 극복하고, 건강유지법을 터득해야 한다. 이는 시대를 살아가는 노인들의 소망이요 과제이다.

그렇지만 푼푼이 모은 재산 생전에 자식에게 물려주고 손에 쥔 것이 없으니 경제적으로 쪼들리고 자식들은 못 본 체하니 외롭다. 부부가 해로하란 법도 없고, 평생을 일에만 매달렸으니 건강도 좋지 않다.

또 나이를 먹으면 육체적 퇴화를 막을 길 없고 정신마저 허약해져 건강유지도 힘들다. 어쩔 수 없이 사회에 짐이 되어 하루살이 인생을 살아간다.

요즘 우리사회에 유행하고 있는 말 가운데 마음에 와닿는 것이 있다. 칠푼이, 팔푼이 노인이란 말이다, 칠푼이, 팔푼이 노인이란 어떤 사람을 두고 하는 말일까?

칠푼이는 자기 잘난 체하고, 상대방을 무시하고, 자기 말만 늘어놓는 늙은이를, 팔푼이는 자신의 지위, 재산, 자식 자랑을 일삼는 사람을 두고 하는 말이다.

상대방이 듣기 싫어하는 말만 골라서 하고 남의 말을 들으려 하지 않는 사람, 내가 돈도 있고 지난날 사회적 지위도 높았던 사람이라고 목에 힘주는 늙은이가 바로 칠푼이요 팔푼이 노인이다.

세상에는 남의 자랑을 들어줄 정도로 마음을 열고 사는 사람은 흔하지 않고 내가 참 못난 사람이라고 자기를 낮춰 말하는 사람 또한 드물다.

그래서 우리는 겸손이란 단어를 높게 평가하고, 소중한 사회적 자산으로 여긴다. 마치 벼 이삭이 익으면 고개를 숙이듯 사람도 나이가 들수록 고개를 숙여야만 이웃으로부터 외면당하지 않을 수 있다.

주변을 보면 나이가 들어서도 젊었을 때의 버릇을 고치지 못하고 자기 자랑에 열을 올리는 늙은이가 있다. 참 못난이다. 아무리 자신을 좋게 포장해 놓아도 봐주는 사람 없고 자식마저 못마땅해하는 것이 오늘의 현실이다.

가진 것 없는 노인의 아픔은 가진 사람들이 못 본 체하기 때문이요, 가난한 노인은 잘사는 사람들의 괴롭힘 때문에 힘들고, 병든 노인은 성한 사람이 못 본 체하니 더 아프고, 홀로 사는 노인은 자식이 돌보지 않으니 더 외롭다.

오늘은 자식이 찾아올까, 내일은 또 누가 문을 두드릴까, 마음 졸이며 기다리지만 찾아오는 사람 없어 문을 닫고 돌아서는 노인의 뒷모습은 쓸쓸하다.

나이가 들면 주변에 사람이 없어진다. 더 견디기 힘든 것이 외톨이가 되었을 때이다. 여기에 칠푼이, 팔푼이 노인이 되면 평소 알고 지내던 친구마저 저 노인네 망령 들었다 하고는 등을 돌린다. 그러면 더 외로워진다.

겸손과 침묵으로 늙어가면 얼마나 좋을까? 그 사람 참 곱게 늙어간다는 소리 듣기를 바란다면 입은 다물고, 귀는 열고, 과거는 잊고, 자기 자랑, 돈 자랑, 자식 자랑 삼가야 한다.

침묵은 황금이라 하지 않든가? 겸손과 침묵으로 살아가는 사람에게 가까이 가면 사람 냄새가 배어난다. 그래서 더 가까이하고 싶어지고 존경하는 마음이 들게 된다.

고운님 오시는 길

경산 와촌에서 갓 바위로 가는 길목에 '고운님 오시는 길'이라는 찻집 간판이 놓여있다. 그럴만한 사연이 있는 찻집인지, 길손의 이목을 끌기 위함인지 알 길 없다.

간판을 뒤로하고 차는 고갯길을 숨 가쁘게 돌고 돌아 뜨거운 열기를 뿜어내며 올라간다. 한참을 달려서 갓 바위 주차장에 도착한다.

늦은 봄이라서 날씨가 후덥지근하다. 무거운 돌 갓을 쓰고 비바람, 눈비 맞아가며 불자들을 기다리는 석조여래좌상이 있는 곳을 향해 오른다.

돌산이다 보니 길은 가파르고, 계단으로 이루어져 있다. 나이 든 사람이나 몸이 불편한 사람, 병약한 사람이 오르기에는 힘에 부친다. 그러나 부처님께 소원을 청하려고 죽기 살기로 기를 쓰며 올라간다.

계단 길을 올라가며 '고운님'이란 말을 생각한다. 오매불망 그리워하는 사람, 애타게 보고파 하는 사람을 이르는 말이 아닐까?

문득 이조 중엽 시문에 능통했던 선비 임제(林悌)와 그의 정인 한우(寒雨)와의 사랑을 떠올린다. 그가 벼슬길에 올라 평안도로 가는 도중 황해도에 있는 정인의 집을 찾는다.

공교롭게도 그날은 눈비가 내려 이를 피하지 못하였다. 초라한 행색으로 정인의 집에 당도하여 혹시 자기를 잊은 것이 아닌가 하여 시 한 수를 읊는다.

"북창이 맑다 하기에 우장 없이 길을 나니
산에는 눈이 오고 들에는 찬비로다.
오늘은 눈비를 맞았으니 얼어 잘까 하노라."

한우는 원앙으로 수놓은 베개와 비단이불을 준비해 놓고 임이 오시기만을 기다리고 있다고 화답한다.

"어이 얼어 자리 무스일 얼어 자리
원앙침, 비취금을 어디 두고 얼어 자리
오늘은 눈비 맞았으니 녹여 잘까 하노라"

이 시조는 한우가(寒雨歌)로 전해진다. 누가 뭐라 해도 이 두 분은 서로에게 고운님이 아닐까? 자유분방한 풍류객으로 한곳에 오래 정착하지 못하는 임제, 지체 높은 양반댁 작은 마님으로 살기를 거부한 한우의 사랑은 임제가 39세의 나이로 요절함으로써 끝난다.

생각이 여기에 이르는 동안 어느덧 계단 길을 올라와 무거운 돌갓을 쓰고 무표정한 얼굴로 서있는 석조여래상과 마주한다. 그리고는 합장하고 부처님께 소원을 청하는 불자들의 옆모습을 훔쳐본다. 무언가 바라는 간절함이 엿보인다.

부처님께 셀 수 없는 그 많은 세월, 유월염천이나 북풍한설, 꽃

피고 새우는 봄날, 사시사철 끊이지 않고 찾아오는 그 많은 불자들의 청을 들어주시느라 얼마나 수고가 많으시냐고 인사드린다. 부처님은 아무 말씀이 없으시고 미소만 짓고 계신다.

다른 부처님들은 대웅전의 높은 곳에 마련된 연화좌에 좌정하시고 아침저녁 따뜻한 공양을 받으시는데 어이하여 비가 오나 눈이 오나 사시사철 변함없이 촛불 그을음을 마시면서 계시느냐고 물어본다. 아무 말씀이 없으시다.

부처님을 뒤로하고 계단을 내려온다. 시원한 바람, 우거진 숲, 오가는 사람들의 밝은 모습, 무엇 하나 부족한 것이 없다.

어제 세상을 떠난 이는 이를 보지 못한다. 오직 살아있는 사람에게만 주어진 축복이다. 올라올 때와 달리 발걸음이 가볍다. 이래서 남녀노소 관계없이 이곳을 찾는 모양이다.

사주와 관상

신마산 정상에 이르니 먼저 온 세분이 쉼터에 앉아 얘기에 열을 올리고 있다. 옆모습을 보니 대략 오십대 중반으로 보인다. 수인사를 하고 조금 떨어진 곳에 앉아 가쁜 숨을 고른다.

남의 얘기는 듣지 말아야 하는데 웃음소리가 요란하니 괜스레 호기심이 발동한다. 무슨 좋은 일이 있어 저렇게 웃는지 자리를 옮겨 들어본다.

일행 중 한 분이 얼마 전 사주·관상을 보았는데 그 양반 참 용하더라고 한다. 옆에 있는 사람이 그곳이 어디냐고 물으니 찾아가는 길을 자세하게 설명한다.

굳이 그곳까지 가지 않아도 팔공산자락에 있는 사찰이나 무당 골에 가면 사주나 관상, 인생 상담을 해 준다고 현수막을 걸어놓고 손님을 청하는 곳이 여럿이 있는데 굳이 그곳까지 찾아갈 필요가 없지 않은가, 하고는 먼 산을 바라본다.

요즘 들어 요행을 바라는 사람이 많아서인지, 살기가 어려워서인지 사주·관상에 관심을 갖는 분들이 많은 모양이다. 대학까지 나서서 '사주·관상·작명'이란 강좌를 개설하고 수강생을 모집하고 있으니 말이다.

바람에 펄럭이는 현수막을 볼 때마다 명색이 학문의 전당이라 자부하는 대학까지 왜 이런 과목을 개설하여 수강생을 모집하는지를 알 수 없다.

사주와 관상은 타고 나는 것이라고 하는데 이를 바꾸려면 죽었다 다시 태어나야 하지 않는가? 이는 불가능한 일이다. 만약 이를 바꿀 수 있다면 먼저 자기부터 바꾸어 살면 되지 않는가?

인간의 미래가 사주나 관상에 의해 정해진다면 '노력은 성공의 어머니'라는 명언은 왜 존재하는가? 인생에서 운명이란 한갓 언어의 유희에 불과하다. 그러나 사람들은 이 말에 쉽게 흔들린다.

의학이 발달되지 않았던 시절은 그렇다 치더라도 지금은 원하는 대로 생시(生時)를 조절할 수 있어 사주를 바꿀 수 있고, 또 성형을 통해 관상도 바꿀 수 있는 세상이다. 세상이 바뀌었는데도 아직도 사주, 관상을 믿는 것은 현실을 도피하려는 사람들의 얄팍한 생각이다.

인간의 미래를 지배하는 것은 사주·관상이 아니라 노력이다. 아무리 좋은 사주를 타고 났다고 해도 노력 없이 성취되는 일은 없다. 이를 풍자한 설화도 있다.

옛날에 부자가 되어 호의호식을 할 사주를 타고 난 맏아들과 거지가 될 사주를 타고난 동생이 있었다. 형은 사주만 믿고 놀고먹다가 가산을 탕진하고 굶어서 죽고, 동생은 부지런히 노력하여 부자가 되었다고 한다.

인생이란 그 자체가 시련이다. 이를 굳이 피하려 하지 말고 받아들이고 극복해 나가는 인내와 지혜가 필요하다. 노력 없이 잘 되기를 바란다면 이는 허욕이다.

욕심은 채워도 끝이 없고, 불과 같아 마음까지 태운다. 지나치면 몸도, 마음도 상하게 한다.

사주, 관상이란 단어에 마음이 흔들릴 때마다 인생은 빗나간다. 길지 않는 인생, 무지개만 쫓다 보면 빈손인 경우가 허다하다. 이보다는 열심히 땀 흘리며 한세상 잘살고 갔다는 말을 듣는 것이 바람직하지 않을까?

'하늘은 스스로 돕는 자를 돕는다.'는 말처럼 최선을 다해 노력하면 반드시 하늘이 도와준다. 하늘은 거짓이 없고 공평무사하기 때문이다.

끝없는 욕심의 노예가 되지 말고 절반만 내려놓고 노력하면 사주 관상 보지 않아도 마음 편히 살 수 있다. 바위에 앉아 영욕소진(榮慾消盡) 네 글자를 생각하며 눈을 감는다.

영화와 욕심을 다 버린다면 성현이나 다를 바 없다. 이것이 바로 때 묻지 않은 영혼으로 살아가는 길이다.

한동안의 눈을 감고 있다가 깨어나니 산도 하늘도 더 깨끗하고 맑다. 기분도 상쾌하고 걸음도 한결 가볍다.

무녀와 박수무당

팔공산 자락 계곡에 무녀들이 모여 굿을 하는 곳이 몇 군데 있다. 사람들은 이곳을 속칭 '무당 골'이라 부른다.

북과 꽹과리에서 나오는 소음공해 때문에 옛날처럼 가정에서 굿을 하지 못하고 깊은 계곡이나, 인적이 드문 곳에 굿당을 마련하여 놓고 굿을 한다.

잠시 가는 길 멈추고 방울소리가 희미하게 들리는 계곡을 내려다본다. 중년의 여성이 화려한 활옷을 입고, 머리에는 고깔을 쓰고, 한 손에는 부채를 들고 접었다 폈다하고 다른 손에는 방울을 들고 흔들며 껑충껑충 뛰고 있다.

세인이 알아듣기 어려운 말을 하면서 무아의 경지에 이르고자 애를 쓴다. 그 옆에는 박수무당이 장구로 장단을 맞추며 흥을 돋운다.

무녀는 신명이 나서인지, 빨리 탈혼 과정을 거쳐 신과 접하기 위해서인지 경문을 암송하며 연신 몸을 흔든다. 제단 아래에는 가족 몇 사람이 앉아 신단을 향해 합장하고 연신 큰절을 올린다. 소원을 빌고 있는 모양이다.

한참을 보다가 걸음을 옮기며 무당(巫堂)이란 어떤 사람을 두고 하는 말인가 하고, 생각한다. 무당의 대부분은 내림굿을 통해 신을 받은 강신무(降神巫)들이다.

이들은 무아의 경지에 몰입하여 탈혼(脫魂) 과정을 거쳐 신과 접한 다음 신의 뜻을 인간에게 전달하는 역할을 한다. 신과 인간 사이의 영매자(靈媒者)가 바로 자신들이라고 한다.

인간의 욕심이 끝이 없어서인가, 정신이 나약해서인가, 굿을 한다고 하여 부귀공명을 얻고, 병든 사람이 낫는 일은 없다. 모두가 허황되고 뜬금없는 짓이다. 그렇기는 하지만 굿을 원하는 사람이 있으니 북과 장구소리는 계곡에서 끊이지 않는다.

평범한 아녀자로 가정을 이루고 가족들과 함께 오손도손 사는 것이 여인의 행복이라고 생각하는 보통사람들의 눈에는 그들은 박복한 여인으로 비쳐진다.

걷다 보니 동화사를 지나 부도암을 거쳐 힘들게 염불암에 도착한다. 대자대비하신 돌부처님 앞에서 두 손을 잡고 '나무아미타불'하고는 돌아선다.

샘물 한 쪽박 마시고, 고개를 돌려, 아래를 내려다본다. 계곡은 짙은 녹음으로 덮여 있다. 푸른 숲과 맑은 공기에 취하니 무당도, 굿도 모두 머리에서 사라졌다.

누구에게나 행복하게 살 수 있는 권리와 기회가 주어져 있다. 자신을 불행하게 하는 것은 노력하지 않고 남보다 잘 살기를 바라는 욕심 때문이다.

이를 내려놓으면 마음도, 몸도 편안해지고 세상이 바로 보인다. 이것이 행복으로 이어지는 길이다.

아래만 보고 사는 사람은 행복하다

산허리 쉼터에 중년의 여인들이 지고 온 배낭에서 먹거리를 꺼내 먹으며 마치 경쟁이나 하듯 말잔치를 벌리고 있다. 지나는 사람을 의식하지 않고 평소에 쌓인 불만을 쏟아내는 모양이다.

하기야 무슨 말을 한들 탓할 사람은 없고 듣고 옮길 사람도 없다. 말의 즐거움을 마음 껏 누리고 있다. 잠시 가던 길 멈추고 먼 산을 보며 이들의 얘기를 들어본다.

시어머니와 남편, 자녀 등에 관한 얘기, 병과 약에 대한 얘기가 대부분이다. 시어머니는 같은 피를 나누지 않았으니 마음에 들지 않으면 비난할 수 있다손 치더라도 자신은 늙어서 시어머니가 되지 않을 것인가?

아침저녁 한솥밥을 먹는 시어머니, 같은 방에서 잠을 자는 남편을 욕하는 것이나 자식을 못마땅해하는 것은 자기 얼굴에 침을 뱉는 짓이다. 이렇게라도 해서 남편, 시어머니, 자식에 대한 불만이 해소되는지는 알 수 없다. 또 병자랑, 먹는 약을 자랑한다고 해서 건강해지는 일 또한 없다.

말은 시간과 장소에 따라 품위 있게 해야 한다. 말이 밖으로 나가면 다시 주워 담을 수도, 되돌릴 수도 없다. 독기를 품은 말이 입 밖으로 나가면 듣는 이의 마음을 상하게 한다.

또 친구는 남편을 잘 만나서 외국을 자기 집 드나들 듯하고, 주말마다 골프 치러 다니는데 자기는 이 꼴로 산다며 지지리도 못난 복을 타고났다고 타령하는 사람도 있다.

복은 타고나는 것이 아니라 자신이 만들어 가는 것이다. 등산복 차림에 먹거리 짊어지고 산에 와 넋두리를 하며 즐기는 시간이 있다면 누구에게 물어봐도 박복한 여인이라고는 하지 않을 것이다.

이들은 평생 쳐다보고 살거나, 자기보다 나은 사람과 비교하며 사는 사람들이다. 그래서 다른 사람보다 항상 못하다고 느낀다. 이는 시샘이요 허욕이요 열등감이다.

부질없는 욕심에서 벗어나지 못하면 평생을 불만 속에서 살다가 간다. 인생에서 행·불행은 밀려왔다가 다시 제자리로 돌아가는 파도와 흡사하고, 돌고 도는 물레방아 같다.

삶의 기준을 물질에만 두지 말고 마음에 두면 세상이 달라져 보이지 않을까? 내려다보고 사는 사람은 행복하다.

산자락에 나란히 누워 잠들어 있는 부부에게 평생을 해로하고 같은 곳에 쉴 복을 타고났는가를 물어본다. 대답이 없다.

멀리서 시원한 바람이 뜬금없는 생각 그만두고 어서 길을 가라고 한다. 자연은 언제나 순리적이고, 조화롭고, 여유가 있어 아름다움을 더해준다.

사찰(寺刹)과 무속신앙

서당마을로 들어가 하동 정씨 사당을 지나 산길 따라 장뇌삼을 재배하는 곳을 거쳐 북지장사로 가는 갈림길에서 갓바위 있는 곳을 향해 올라간다.

이 길은 평소 사람의 왕래가 드물다. 한참을 걸어도 인기척이 없고 길은 험하고 혼자다 보니 두려운 생각이 든다. 하는 수 없이 목적지를 북지장사로 바꾸어 산을 내려온다.

북지장사는 국보(國寶) 지장보살(地藏菩薩)을 모신 사찰이다. 좌우면은 산이 감싸고 있고 앞면은 반쯤 열려져 있다. 고찰들은 명당에 자리잡고 있다고들 하는데 북지장사도 예외는 아닌 것 같다.

새롭게 단장한 사찰을 둘러보고 샘물로 목을 축인 다음 쉼터로 내려와 의자에 앉아 사방을 살피며 호흡을 가다듬는다.

천년도 한순간 지나가는 바람인 양 외면하시든 보살님, 쌓여가는 세월을 이기지 못하고 초라한 행색으로 참배객 맞더니 한순간 낡은 모습 훌훌 벗어버리고 새롭게 단장하고 웃음 짓고 계시네.

오가는 사람 없고, 물소리 고요한데, 숨어 지나가는 바람 소리, 솔 향기 은은하니, 산새도 입 다물고 명상을 즐긴다. 보살님이시여, 보살님이시여! 방황하는 중생들을 바른길로 인도하소서.

한참을 쉬고 계곡 길 따라 내려온다. 한걸마을, 유기박물관을 지나 다시 발길을 돌려 도학동으로 향한다.

이곳은 얼마 전까지만 해도 몇 가구가 농사를 지으며 살았다. 그러나 지금은 가구 수도, 사찰도 늘어나고 있다.

한 집 건너 사찰 이름이 붙어있다. 이곳만 아니라 팔공산 주변 자연부락에는 날이 갈수록 소규모 사찰이 늘어나고 있는데 그 이유를 알 수 없다. 살기가 힘들어서인지, 세상이 어수선해서인지 그 속내를 알 길 없다.

대부분은 어느 종단에 속하는 사찰인지를 밝히지 않고 있다. 이들 중에는 대문에 대나무를 세워놓은 곳도 있고, 길흉화복을 봐준다는 표지판도 붙어있다.

왜 사찰이란 이름을 걸고 사주를 봐주거나, 빙의, 점을 쳐준다고 할까? 부처님을 앞세우면 예언의 적중률이 높아진다고 생각하기 때문일까, 아니면 고객에게 믿음을 준다고 믿기 때문일까?

이러한 모습은 불교를 무속 신앙화 하는 것일 뿐이다. 불교는 신(神)을 내세우지 않는 깨달음의 종교다.

해탈이란 불교의 근본을 벗어나면 무속신앙이나 다를 바 없다. 이는 종교의의 본래의 모습을 잃게 하는 것이다. 불교사찰과 무당절은 구분되어야 한다.

오리란 놈, 네놈은 날짐승인가

불로천 흙탕물에 오리 몇 마리가 모여 연신 고개를 물속에 처박았다가, 들었다 하며 먹이를 찾는 흉내를 내고 있다. 아무리 헤엄쳐 다녀도 입에 들어오는 것은 시큼한 냄새가 진동하는 오물뿐이다.

한참을 놀다가는 땅으로 올라와 몸을 흔들어 물을 털고는 뒤뚱거리며 집으로 간다. 미련한 놈이 자기 집으로 가는 길은 아는 모양이다.

도대체 오리란 놈, 네놈은 날짐승인가, 길짐승인가, 넌 어느 족속에 속하는가? 좀 맵시 있게 한번 걸어 보라고 한다. 그러나 못들은 체하고는 꼬리만 좌우로 흔들며 갈지자걸음으로 집을 향해 간다,

날개는 있어도 날지도 못하고, 발은 있어도 잽싸게 뛰지도 못하고, 물갈퀴가 있어도 물에서 살지 아니하는 네놈은 날짐승인가, 길짐승인가.

너는 낟알을 먹고 사는가, 물고기를 먹고 사는가, 그도 아니면 잡식을 하는가, 주걱 같은 주둥이로 퍼먹는 네놈은 보기에도 고상한 신분이 아니로구나.

노래라고는 꽥꽥 소리 밖에 내지 못하니, 듣기 좋아 손뼉 치며 반기는 사람 없고 걷는 모습 또한 귀족을 닮지 않았으니 천박한 네놈은 세상 어디에도 드물다. 너의 조상은 고상한 신분이 아닌 모양이구나.

내 어린 시절 임산부가 오리고기를 먹으면 태어나는 아기의 발이

오리발처럼 붙는다 하여 먹지 않았다. 또 아녀자가 먹으면 물동이를 깬다 하여 금기시하였다. 아마도 남존여비 문화가 지배하던 시절 여성들에게 고기를 나눠주기 싫어서 만든 말이 아닌가 싶다.

오리는 기러기 과에 속하는 날짐승이다. 철 따라 옮겨 다니기 때문에 육질이 질기고, 뼈가 억세며, 물고기를 잡아먹어 지방이 많다. 그러나 사육한 오리는 사료를 먹이니 육질이 부드럽고 불포화 지방산이 많다 하여 남녀노소 구분 없이 즐겨 먹는다.

오리에게 너의 소원이 무엇인고 물으면 아마도 높은 창공을 훨훨 날아 넓은 강이나 호수에서 물고기를 사냥하며 자유롭게 사는 것이라고 하지 않을까?

그러면 20년 정도는 살 수 있을 터인데 먹고 놀기만 하니 일 년을 넘기기가 어렵다. 걸어가는 오리를 보면서 장수의 비결은 창조주께서 준 기능을 잘 관리하며 사는 것이 아닌가 하고는 길을 재촉한다.

‘교살용’ 나무

여봉산으로 오르는 길목에 담쟁이 넝쿨에 휘감겨 숨도 제대로 쉬지 못하고 활기를 잃고 있는 소나무가 있다. 주변에 있는 나무들도 칡넝쿨이 덮쳐 옭아매니 피하지 못하고 맥없이 서있다.

몇 년 전 중장비 차량이 들어와 칡뿌리를 수거해갔다. 그 후 불과 몇 년 사이에 남은 뿌리에서 싹이 돋아 다시 온 산을 뒤덮고 있다.

잠시 가던 길 멈추고 칡넝쿨에 감겨 힘들게 버티고 있는 상수리나무를 본다. 문득 ‘교살용(絞殺用) 나무’라는 말이 떠오른다. 교살용 나무는 다른 나무를 휘감고 더부살이하는 나무를 총칭하는 말이다.

이들 나무의 대부분은 넝쿨나무로 이들에게 옭아 매인 나무는 영양실조로 시들다가는 끝내는 죽는다. 산을 오르다 보면 나무는 죽고 기생하고 있는 나무만 무성한 것을 볼 수 있다.

‘교살용 나무’는 인재등용제도가 정착되지 않았던 중국 춘추전국시대 왕족이나 권문세가에 기생하여 입신양명을 노리던 사람들을 지칭하는 말이다.

이들은 주군에게 조언, 정책의 제언을 하거나 허위사실의 유포, 음모, 살인, 방화, 중상모략으로 정변을 일으키고 성공하면 공헌도에 따라 포상을 받고 실패하면 처형, 가산몰수, 귀양에 부쳐지고 남은 가족은 노비로 전락하였다.

이들에게는 역할, 능력에 따라 세객, 책사, 율사, 식객, 모사, 술사, 손님, 문객 등의 이름이 붙여졌다.

절대군주 시절과는 다르지만 오늘에도 교살용 나무와 유사한 집단이 있다. 이들에게는 고문, 특보, 참모, 보좌관, 자문관, 측근 등 다양한 명칭이 주어져 있다.

이들은 특정인의 권력의 획득에 필요한 다양한 지식, 지략, 정보, 전략, 전술 등을 제공하고 선거에서 승리하면 공헌도와 전문성에 따라 전리품을 받는다.

전리품은 고위공직, 공공기관의 임직원, 경제적 특혜, 자녀의 취업 등이고 원하는 일자리를 얻으면 국가나 국민보다는 권력자의 의지에 따라 역할을 수행한다. 이로 인해 사회에는 공정, 정의, 진실이 왜곡되고 부정부패가 끊이질 않는다.

우리 사회는 정권이 바뀔 때마다 승리한 정당의 전리품 배분 문제로 사회가 온통 몸살을 앓는다. 임기만료 전 퇴임을 요구하는 측과 이를 거부하는 사람들 간의 갈등은 한동안 지속된다.

심지어는 권력남용으로 사법처리 되는 경우도 발생하고 있다. 그냥 웃어넘길 수만 없는 슬픈 현실이다. 이를 보는 세인들도 한마디씩 거들고 눈살을 찌푸린다.

그러나 오늘의 정치계에서 이런 관행을 없애는 것은 불가능하다. 사회가 너무 복잡하여 한 사람이 사회문제 모두를 해결할 수 없다. 따라서 각 분야의 전문가의 도움이 불가피하다.

생태계의 교란을 막기 위해서는 교살용 나무를 적정수로 유지해야 하는 것처럼 정치계에서도 전리품을 최소화하고 임명이나 위촉할 때 전문성과 능력, 자질 등을 엄격하게 적용하여야 한다.

그러나 현실은 능력과 전문성보다는 권력자에 대한 충성도에 따라 전리품이 배분되고 있어 혼란스럽다. 공직은 권력자 개인을 위한 것이 아니라 국민의 세금으로 국민을 위해 일하는 자리이다.

아름다운 사랑

세월은 그냥 흘러가는 법이 없다. 새로운 것을 만들고 있던 것을 변화시키거나 없애며 간다. 세상 모두가 변해도 부부간, 부모 자식 간의 사랑은 변함이 없기를 바란다.

그렇기는 하지만 경쟁과 물질이 사회를 지배하다 보니 이마저도 변해가고 있다. 사랑이 있어야 할 자리에 미움, 갈등이 자리잡고, 날이 갈수록 심해지고 있다. 심지어는 부모가 자식을, 자식이 부모를 버리거나 죽이는 참혹한 현상이 벌어지고 있다.

전통시장 구석진 곳에 작은 점포를 얻어 옷 수선을 하며 살아가는 모녀가 있다. 겨울날 오후 갑자기 날씨가 추워지고 하늘엔 검은 구름이 모여들면서 눈이나 찬비가 내릴 징조를 보인다.

엄마는 학원에 간 딸이 걱정된다. 벽에 걸린 낡은 시계는 오후를 알리고 있다. 혹시 눈을 맞아 감기라도 걸리지 않을까 걱정을 하다가 딸의 외투와 낡은 우산을 챙겨 학원으로 향한다.

어머니는 학원 문 앞에 서서 자신의 옷차림을 보고 깜짝 놀란다. 감수성이 예민한 딸이 보고 상처를 받을까 걱정이 되어 학원 안으로 들어가지 못하고 밖에서 망설이다가 위층을 올려다본다.

바로 그때 아래를 내려다보던 딸과 눈이 마주친다. 어머니는 반갑게 손짓해보지만 딸은 못 본 체하고 얼른 숨는다. 그러다가는 다시 고개를 내밀고 아래를 내려다보기를 거듭한다. 엄마는 자신의 초라한 모습을 딸이 보기를 원치 않는 것이라 생각하고 집으로 돌아온다. 다행히 그날은 눈도, 비도 오지 않았다.

그로부터 얼마 후 엄마는 학원으로부터 자녀들 작품 전시회가 있으니 와서 관람하시라는 안내장을 받는다. 엄마는 딸이 자기를 보면 부끄러워 할 것 같아 가지 않으려고 망설인다.

그러다가 해질 무렵이 되어 전시장으로 향한다. 가면서 전시가 끝났으면 어쩌나 하고 걱정을 하지만 다행히 문은 닫히지 않았다.

벽에 가득 걸린 작품을 하나하나 눈여겨보던 어머니는 '세상에서 가장 아름다운 어머니'라는 제목이 붙은 그림 앞에서 걸음을 멈춘다. 그만 가슴이 철렁 내려앉는다.

그림 속의 주인공은 머리에 빛바랜 스카프를 쓰고 옷에는 여기저기 하얀 털과 실밥이 붙어있고 낡은 신발을 신고 있다. 그림 속의 초라한 모습은 다른 사람이 아닌 바로 자신이다.

그날 딸이 아래를 내려다본 것은 옷 수선으로 어렵게 살면서도 자기를 아낌없이 사랑해주시는 엄마의 모습을 화폭에 담기 위해서였다. 그러나 엄마는 딸이 자신의 초라한 모습을 보기 싫어한 것이라고 오해를 한 것이다.

엄마는 자신이 부끄러워 어쩔 줄 모르고 있는데 딸이 다가와 환하게 웃으며 엄마의 품에 안긴다. 모녀는 그림을 오래오래 보면서 기쁨에 북받쳐 한동안 할 말을 잊었다.

이보다 더 행복한 순간이 또 어디 있을까? 엄마의 끝없는 희생, 깊고 깊은사랑에 감동받은 딸은 감사의 눈물을 흘린다.

엄마의 초라한 행색 때문에 친구들로부터 조롱을 당하지 않을까 하여 엄마를 보고도 못 본 체하고 고개를 돌리는 것이 오늘의 청소년들이다.

아무리 세상이 각박하게 변해가더라도 엄마는 자식의 존경과 사랑의 대상이다. 엄마의 자식에 대한 사랑은 고귀하고 아름다운 것이다. 우리는 하늘보다 더 높은 것이 어머니의 사랑이라고 노래하지 않는가?

세월이 흘러 모두가 변해도 자식을 위한 부모님의 희생, 자식들의 부모님에 대한 사랑과 존경은 변함이 없어야 한다. 부모 없는 '내'가 이 세상에 존재할 수 없지 않은가?

나는 축복 받은 사람

약간 비탈진 곳 나무 그늘에 중년으로 보이는 남자가 흔들의자에 앉아 몸을 앞뒤로 흔들며 오라고 손짓한다. 말동무가 되어달라는 것인지, 내가 힘들어 보여 좀 쉬다 가라는 뜻인지 알 수 없다.

그냥 수인사만 하고 지날까 하다가 이는 상대방의 호의를 무시하는 것이 아닌가 생각되어 옆에 가 앉는다. 첫인상이 외롭고 몹시 피곤해 보인다. 옆에는 지팡이가 놓여있다.

앉으니 첫마디가 나이를 묻는다. 순간 나이가 떠오르지 않아 머뭇거리다 대답을 한다. 자기는 이제 오십을 넘었다고 하면서 오래 살기를 바라지는 않지만 생전에 소원 하나가 있는데 생전에 이루어지기를 바란다고 한다.

혹시나 그가 바라는 소망이 부, 명예, 권력과 같은 것이 아닐까 하여 물어본다. 예상은 빗나갔다. 한숨을 쉬며 지팡이에 의지하지 않고 가고 싶은 곳을 마음대로 가고 오고 하는 것이라고 한다.

그리고는 원망하는 눈으로 하늘을 쳐다보며 허탈하게 웃는다. 그의 말을 듣는 순간 자신이 얼마나 세속적인가를 깨닫고는 얼굴이 붉어진다.

남들처럼 가고 싶은 곳을 마음대로 가지 못하는 자신의 처지가 한이 된 모양이다. 돈, 명예보다 튼튼한 두 다리를 갖는 것이 그의 소원이다. 마음이 아프다. 평소 몸이 불편한 사람들을 깊이 배려하지 못한 자신이 부끄럽기도 하다.

그의 소원은 기적이 일어나지 않는 한 생전에 이루어지기 어렵다. 안타깝지만 어쩔 수 없지 않은가? 한참이나 하소연을 들어주다 내가 부축해 줄 터이니 산길을 한번 걸어보자고 권한다.

어르신 마음은 고맙지만 비탈진 곳은 오를 수 없다고 한다. 내가 또 한 번 실수를 하였다. 조심해서 산책을 하시고, 건강하시라는 인사를 받고 일어난다.

산을 오르며 소원이란 단어를 생각한다. 소원은 어떤 일이 절실하게 이루어지기를 바라는 것을 이르는 말이다. 누구에게나 소원이 있지만 사람에 따라 다르다.

이것도, 저것도 이루어지기를 바란다면 이는 소원이 아니라 욕심이다. 내가 이미 가지고 있는데 더 큰 것을 바란다면 이 또한 욕심이다.

돈 없는 사람이 부자가 되고, 명예와 권력이 없는 사람이 이를 얻기를 원한다면 이 또한 소원이라 보기 어렵다. 많은 부와 높은 명예, 권력이 없이도 행복하게 살 수 있기 때문이다.

대부분의 사람들이 가지고 있는데 자신만 가지고 있지 못하다면 이를 갖기를 바라는 것이 소원이다. 소원과 욕심은 한계가 불분명하다 보니 욕심을 가지고 소원이라 하는 경우가 많다.

자유자재로 걷지 못하는 사람의 소원은 마음대로 걸을 수 있는 두 다리를 갖는 바로 소원이다. 팔이 없는 사람은 건장한 두 팔을 가지는 것이, 눈이 어두운 사람은 밝은 세상을 보는 것이, 말 못하는 사람은 남들처럼 말하는 것이, 듣지 못하는 사람은 마음대로 들을 수 있기를 바라는 것이 바로 소원이 아닐까?

두 발로 걷고, 두 팔로 잡을 수 있고, 두 눈으로 보고, 두 귀로 듣고, 자유자재로 말할 수 있다면 사람으로서의 기본적인 육체적 정신적 조건을 다 갖추고 있다. 이러한 사람이 바로 축복받은 사람이다.

험한 산을 자유자재로 오르내리고, 넓은 내를 건너뛰고, 보고 들을 수 있고 자유자재로 의사를 구사할 수 있는 자신이 바로 축복받은 사람이다. 여기서 무엇을 더 바라겠는가? 더 바란다면 이는 욕심이다.

두더지의 외출

산기슭 습지에 두더지 두 마리가 앞서거니 뒤서거니 하면서 산비탈을 헤집고 기어간다. 시력이 퇴화하여 앞을 보지 못해서 나무 그루터기에 부딪히기도 하고, 돌부리에 걸려 넘어졌다가 일어나 다시 기어간다.

두더지는 앞을 보지는 못하지만 진동에 민감하기 때문에 자기가 앞선다고 판단되면 뒤따라오는 놈을 기다리며 일정한 간격을 유지한다. 이들이 형제인지 부부인지는 알 수 없다.

두더지는 4월에서 6월에 새끼를 낳는다. 8월이면 번식기가 끝난 시기이다. 아마도 이놈들은 부부일 것이다.

그늘에서 이들이 어디로 가는지를 한참 지켜본다. 비틀거리며 가다가 풀이 우거진 곳에서 고개를 이리저리 젓는다.

앞이 보이지 않으니 아마 저들이 서식하기에 알맞은 곳을 감각으로 찾는 모양이다. 좀 더 가다가는 멈춰 서서 안식처로 적합한지를 판단하고 한 놈이 땅을 파고 들어가니 뒤따라오던 놈도 들어간다.

얼마 지나지 않아 흙만 들썩일 뿐 모습은 보이지 않는다. 조금 더 지나니 땅도 흔들리지도 않는다. 자리를 잡은 모양이다.

문득 두더지 혼인이라는 설화가 실려 있는 순오지(旬五志)를 떠올린다.

두더지가 결혼을 할 나이가 되어 배우자를 고른다. 두더지는 평소 자기가 가장 높다고 생각하는 해님에게 청혼을 한다. 해님은 구름이 나를 가리니 나는 구름만 못하다고 청혼을 거절한다. 하는 수 없이 다시 구름에 청혼을 하자, 구름은 바람이 나를 흩어지게 하니 나는 바람만 못하다고 한다.

두더지는 다시 바람을 찾아가 청혼하자 바람은 내가 석불만큼은 쓰러뜨리지 못한다고 한다. 하는 수 없이 석불에게 청혼을 하니 나는 두더지가 땅을 파면 넘어지니 두더지가 자기보다 힘이 세다고 한다. 어쩔 수 없어 두더지는 자기들끼리 혼인을 하게 되었다.

이는 헛된 욕심 때문에 자신의 참된 가치를 발견하지 못하는 어리석음을 깨우쳐 준다. 능력을 고려하지 않고 무모하게 욕심만 앞세워 일을 하다 보면 마지막에 가면 상처만 남고 처음의 상태로 되돌아오게 된다.

두더지에 관한 다른 비유의 말도 있다. 땅만을 일구며 살아가는 부지런한 농부를 가리켜 '두더지' 같은 사람이라 한다. 천성이 근면함을 칭찬하는 말이다.

세상에는 땀 흘리지 않고 행운이 찾아오기를 기다리는 사람이 있는가 하면 좀 더 잘살아보겠다고 몸부림치는 사람도 있다. 노력 없이 행운만 바라면 밝은 내일을 기대하기 어렵다.

자신이 꿈꾸는 세상은 두더지처럼 쉬지 않고 땅을 뒤지며 열심히 일할 때 이루어진다.

부족은 채워주고

처음 주례를 맡을 때 제자들에게 365쌍만 설 것이라고 하였다. 한 학생이 왜 그렇게 정하느냐고 묻는다. 내가 정년을 한 다음에 매일 한 집씩 찾아다니며, 결혼식 때 당부한 대로 잘살고 있는가를 확인하기 위해서라고 답한다. 모두가 웃었다.

이렇게 시작한 주례가 25년간 이어졌다. 매년 6월부터 8월, 음력 2월을 빼고는 토요일과 일요일에는 예식장에서 보냈다. 정확한 수는 기억할 수 없으나 대략 그 수가 되지 않나 싶다.

직업 주례도 아니고 신랑, 신부 중 한 사람은 제자다 보니 매번 같은 주례사를 할 수도 없다. 타고난 말재주가 없는데 그래도 제자들의 마음에 오래 기억되는 주례사를 하려고 애쓰다 보니 참 힘든 나날이었다.

오늘은 내 생애에 마지막 주례를 맡는 날이 되지 않을까 싶다. 지금 내가 가르친 제자 중에 독신을 원하는 사람을 제외하고는 결혼하지 않은 사람이 없을 나이가 되었다.

앞으로 누가 주례를 부탁하더라도 거절하리라 다짐하고 예식장으로 향한다. 예식이 시작된다. 혼인서약을 하고 성혼선언문을 낭독한 다음 주례사를 한다.

가정의 평화와 행복의 요체는 사랑이니 일생 변치 말고 사랑하라고 당부한다.

사랑은 모든 것을 덮어주고, 모든 것을 믿으며, 모든 것을 견뎌내게 하여 준다고 일러준다.

그리고 부부가 살아가면서 서로에게 부족한 것이 있으면 채워주고, 약점은 도와주고, 허물은 덮어주고, 비밀은 지켜주고, 실수는 감춰주라고 한다.

다음으로 유한한 인생을 아름답게 살기를 당부한다. 아름다운 인생이란 두 분의 인생에 가을이 왔을 때, 내가 가족을 사랑하고, 이웃을 사랑하며, 남에게 상처를 준 일이 없고, 자신의 말과 행동이 좋은 결실을 맺었는가를 자신에게 물었을 때, 그렇다고 고개를 끄덕일 수 있을 때라고 말한다.

마지막으로 혼인서약의 의미를 다시 강조한다. 오늘 두 분이 한 서약은 일생을 통해 지켜야 하며 영원한 이별로써 끝이 나는 것이라고 한다.

예식이 끝나고 집으로 오면서 신랑, 신부에게 당부한 말들을 생각한다. 인간은 대부분이 이기적인 존재다. 그러다 보니 자연 상대방을 위한 희생에는 인색해진다.

부부가 살다 보면 자신도 모르게 자기이익을 앞세우고 다툴 때가 있다. 부부간의 싸움은 칼로 물베기란 말도 있고 또 침대 머리맡에서 싸우고 침대 발치에서 화해한다는 말도 있다. 그러나 다툼으로 인해 생긴 앙금은 애시당초 없었던 것처럼 말끔히 치유되지 않는다. 이것이 쌓이면 부부간의 냉담, 헤어짐으로 이어진다.

지금 우리 사회에 황혼 이혼이 늘어나고 있다고 한다. 아마도 오랜 세월 쌓여온 부부 갈등이 그 원인이 아닌지 모르겠다.

서로 사랑하며 희생적인 삶을 살아온 부부도 끝자락에 가서 돌아보고는 기대에 미치지 못한 가정생활에 회환의 눈물을 흘릴 때가 있다.

인생에 다시가 허용된다면 얼마나 좋을까? 이들 부부도 훗날 살아온 날들을 돌아보고 참 아름다웠노라고 자부하는 가정이 되기를 바란다.

하늘나라로 떠난 제자를 그리며

유신 정변 이듬해 일반직 공무원을 떠나 대학으로 일자리를 옮겼다. 그 시절에는 교수들이 야간학교나 학원에 가서 강의를 하여도 제재를 받지 않았다.

나도 겸직으로 여상(女商) 야간부에서 학생들을 가르쳤다. 그때 2학년에 재학 중인 한 학생이 진로를 상담하러 왔다. 얘기를 듣고 가정사정이 어려우니 졸업 후 먼저 직장을 구한 다음 야간대학에 진학하라고 조언을 하였다.

그때 나는 천주교 신자가 아니었고 그 학생은 신자였다. 그래서 자기를 보면 이름을 부르지 말고 세례명을 불러달라고 하였다. 일년이 지나 이중직을 금지한다는 정부방침에 따라 학교를 그만두었다. 그 후 학생과는 연락이 끊어졌다.

그로부터 오년이 지난 스승의 날에 강원도 홍천군 서석면에서 편지 한 장이 날아왔다. 졸업 후 홍천군 서석성당에서 신부를 돕는 일을 하고 있으며, 성당 사무장과 결혼 하였다는 말과 안부를 전하는 내용이었다.

반가운 소식이다. 결혼을 축하하며 행복한 가정을 꾸려나가기를 바란다는 답을 한 후 다시 소식이 끊겼다.

그로부터 20년이 지난 어느 날 학교로 전화가 왔다. 딸이 대구에 있는 대학에 진학하여 피아노전공을 하고 있는데 오늘 그 아이를 만나러 대구에 왔다는 것이다.

남매를 두고 잘살고 있다는 소식을 들은 후 다시 연락이 없었다. 어릴 적 고생을 많이 했으니 이제부터는 행복한 삶을 살아가도록 하느님께서 은총을 주시는구나 하고 믿었다.

세월이 흘러 정년을 하고, 다른 대학에서 일을 하고 있을 때 어떻게 주소를 알았는지 긴 사연의 편지가 왔다. 수필가로 등단하였고, 서울 소재 모 대학 국어국문학과를 졸업하고, 대학원에서 석박사과정을 마치고 학위 논문을 준비 중에 있다는 내용이다.

반가움은 차치해두고 오십 대의 주부로서, 두 자녀의 어머니로서, 문인으로 활동하면서 학부, 대학원까지를 마쳤는지 이해가 되지 않았다.

뜻을 이루기 위해 눈물겨운 인생을 살고 있구나 하고 감탄하였다. 축하 인사를 하고 박사학위 수여식 때 만나자고 약속하였다. 그것이 마지막이었다.

그로부터 얼마 지나지 않아 딸로부터 어머니가 하늘나라로 떠났다는 소식을 전해 들었다. 생전에 선생님을 한번 뵙기를 원하였다는 말도 전해왔다.

한동안 할 말을 잃었다. 얼마나 배움에 한이 맺혔으면 건강도 돌보지 않고 논문에 매달렸을까, 자신이 바라는 인생을 마무리하기 위해 가정과 학업을 병행하며 숫한 밤을 지새웠을 것이다.

남들처럼 살아보고자, 하고픈 일을 해 보자고, 몸부림치다 끝내

뜻을 이루지 못하고 젊은 나이로 하느님 곁으로 떠난 그의 인생을 어찌 허망하다 하지 않을 수 있겠는가?

행복이란 얻기도 어렵지만, 얻었다 하더라도 한순간 흩어지는 파도와 같다. 그 한순간도 허락되지 않은 너의 인생이 참으로 기구하구나.

저세상에 있는 너를 생각하며 아픈 마음 어찌할 바 모르는 나를 이해해 주기 바란다. 그날이 언제일지는 모르지만 나 또한 그곳에 가면 너를 만날 것이다.

못다 한 얘기는 그때 하자구나. 하느님은 사랑이시기에 어디에 있어도 만나게 해 주실 것이다.

지금 내가 너를 아무리 위로한들, 마음 아파한들, 네가 이를 어찌 알겠는가? 이것이 살아있는 사람과 먼 길 떠난 사람과의 차이이다.

생전에 고생을 많이 하였으니 이제는 하느님의 은총으로 영원한 평화와 안식을 누리기를 청한다.

세상은 요지경

몇 해 전부터 신문이나 방송 가운데 정치기사를 멀리하고 산다. 그러다 보니 세상이 어떻게 돌아가는지 짐작은 하지만 자세하게는 모른다.

정치에 무관심할 나이도 되었고, 하루살이 인생에 굳이 정치를 알아야 할 필요성도 느끼지 않기 때문이다. 그러다 보니 정치에는 눈뜬장님이 되어 버렸다. 어쩌다 지인들을 만나면 정치 얘기를 듣는다. 그럴 때마다 외계인처럼 느껴진다.

경제가 어렵다고 한다. 길을 가다 보면 길가 빈 점포가 여기저기 보이고 전주대에 점포임대·급매라는 포스터가 붙어있거나 현수막이 걸려있는 것도 보인다.

쪽지와 현수막은 누가 봐주기를 기다리며 말없이 혼자서 바람에 흔들리고 있다. 아무리 흔들려도 지나는 사람들은 눈길 한번 주지 않는다.

언론의 자유를 마음껏 누리는 시대다 보니 무슨 말을 한들 탓할 사람은 없다. 한번 뱉은 말은 정보통신망을 통해 일시에 꼬리를 물고 퍼져나간다.

말 가운데는 조작, 각색되거나 과장된 것도 있고, 사실에 가까운 것도 있는 것 같다. 말의 홍수로 세상이 어떻게 돌아가는지를 평범한 시민들은 판단하기조차 어렵다.

지금 우리는 요지경 같은 세상에 살고 있다. 진짜와 가짜가 뒤섞여 사회가 혼란스럽다. 그러다 보니 '찐찐찐'이라는 노래가 유행을 타고 있다. 참으로 개탄스럽다.

요즘 우리 사회에 회자되고 있는 말들을 모아본다. 그냥 웃어넘길 수 없는 말들이 너무 많다.

약자를 보호하는 척하면서 그를 어렵게 하고, 가난한 사람들의 것을 빼앗고는 오늘은 운이 좋은 날이라고 말한다.

게으름을 보상해 주면서 이를 복지라고 포장하고, 국민의 혈세로 표 장사를 하면서 이를 정의롭고 공정한 정치라고 미화한다.

경제가 어려운 데도 지표 가운데 좋은 것만 골라 좋다고 하고 실업자는 늘어나는데 고용의 질은 향상되고 있다고 한다.

권력을 남용하면서 이를 희망의 정치, 포용의 정치라고 미화하고, 공금을 유용하면서 나라를 위해 희생한 보상이라고 정당화시킨다.

약자를 위해 모금한 돈을 유용하면서 바르게 사용하였다고 하고 또 상대방을 모욕하고 인격을 짓밟으며 이를 언론의 자유라고 하는가 하면 뇌물을 받고는 노력에 대한 정당한 보상이라고 당연시하기도 한다.

남의 것을 탐하고는 이것을 야망이라 하고, 권세 있는 사람들의 주장은 선이 되고, 약자가 외치는 정의는 악으로 치부한다.

정의라는 말은 권력자의 전유물로 타락하고, 가지지 못한 자가 기회균등을 외치면 본인이 무능해서 그렇다고 하고 힘 있는 사람의 외침에는 수긍을 한다.

권력을 앞세워 명예와 특혜를 추구하는 사람에게는 인격을 인정하고, 미담이라고 과장한다. 가난하고 힘없는 사람에게는 인격마저 무시한다.

진실을 허위라 하고, 허위를 진실이라고 억지를 부려도 누구 하나 비판하는 사람 없고 스스로 뉘우칠 줄 모른다.

잘못되었다고 말하면 전에도 그랬으니 지금 우리도 하는 것이라고 정당화시키고 한 발 더 나아가 전 세계의 공통적인 현상이라고 치부해 버린다.

법률용어로 사법부를 법이 죽어 썩고 있다(死法腐), 법관을 법이 죽어 관으로 들어간다(法棺). 법원을 법과 거리가 멀다(法遠), 판결을 올바른 판단이 결여된 판사의 결론(判缺), 검찰을 칼을 갖고 옳은 사람을 억누르는 것(劍拶), 법무부장관을 법이 있으나 마나 할 정도로 썩어 볼만하다로(法無腐壯觀) 꼬집는 용어들도 화제에 오르고 있다.

이러한 현상이 일상화되다 보니 진실은 간 곳이 없고 사회는 혼란에 빠져있다. 우리 사회에는 소위 식자층이라 자부하는 사람들, 특정 방송이 언론의 자유를 빌미 삼아 말재주를 부리며 돈도 벌고 즐기고 있다.

이들의 말은 정도를 벗어난 괴변에 가까운 것도 있고 이것이 정보통신망을 통해 여과 없이 전파된다. 그러니 가짜와 진짜를 구분하기가 어렵다. 진위를 떠나 이러한 말이 널리 전파되고 있으니 사회에는 불신만 팽배하고 있다.

지금 권력자들은 나를 믿으라고 하지만 그럴수록 평범한 시민들에게는 공허감만 안겨 준다. 다수의 시민들은 그들의 말이 사실과 부합되지 않다는 것을 알면서도 특정 집단의 비난이 겁이 나 입을 다문다.

잘못된 것이 있으면 진솔하게 사과하고 이를 받아들이면 된다. 이것이 정의롭고 공정한 사회이다.

포용이란 말을 입에 달고 있지만 이는 갑질을 좋게 포장해 놓은 것으로 들린다. 포용은 입으로 하는 것이 아니라 가슴으로 따뜻하게 감싸 주는 것이다.

• 경북대학교 교수로 재직하다 정년을 하고 지금은 명예교수로 있다.
• 저서로는 전공 서적 외 '바람과 구름과 나'가 있다.

바람과 구름과 나 2

지은이 ■ 이영조

발행일 ■ 2021년 11월 26일

펴낸이 ■ 신창동
펴낸곳 ■ 도서출판 FIDES
등록일 ■ 1997년 11월 28일
등록번호 ■ 제320-2001-44호

주소 ■ 서울시 관악구 봉천로 485 3층
전화 ■ (02) 876-2246
팩스 ■ (02) 876-2237

값 12,000원
ISBN 978-89-6479-552-1 03810